U0010973

# 日本好好玩

## 這些玩法好另類！

日本，是很多旅人喜愛的國度，充滿驚奇，
本書收錄了──最稀奇、最不可思議、最美麗、
最可怕、最豪華、最頂級等各類玩法，
值得旅人去發掘體驗，
連日本人都沒見過這麼多不同模樣的「日本」！

邱明琪●文‧攝影

# 目錄
# Contents

推薦序
媒體界的日本通,
寫出你所不知道的精采東洋風貌 / 盛竹如　　　4

作者序
旅日 10 年的精華景點,獻給有緣讀者 / 邱明琪　　　5

## 不思議傳奇篇

無人島裸體原始人探訪之旅　　　8
洗錢神社　　　13
招財貓神社　　　16
出租伴侶　　　21
鬼手印神社　　　24
河童大蒐奇　　　26
水手服洋男　　　30

## 和食新饗宴篇

豪氣松阪牛　　　34
奢華前澤牛　　　37
黑糖壽喜燒　　　39
米其林貴婦餐＋星空遊艇　　　43
德川將軍古宅料理　　　47
大胃王小碗麵　　　50
地獄拉麵　　　54
檸檬拉麵＋雞排拉麵　　　58
牛排拉麵　　　60
巨無霸拉麵　　　62
水果拉麵　　　64
白龍炸醬麵　　　66
吃鱉料理　　　68
馬肉上桌　　　70
幸福肉包　　　74

| | | | |
|---|---|---|---|
| 美容樹汁 | 78 | 超萌牛郎店 | 147 |
| 古早鍋 | 81 | 龍穴探險 | 149 |
| 採山葵料理 | 84 | 暖爐列車 | 152 |
| 鮪魚丼飯吃到飽 | 86 | 鬍鬚女孩店 | 155 |
| 櫻花蝦漂亮餐 | 90 | 億元洗手間 | 157 |
| 蝦蟹合戰 | 93 | 水牛觀光 | 160 |
| 幽靈餐廳 | 97 | 孔雀高爾夫 | 165 |
| 殭屍餐廳 | 101 | 櫻花鬼劍舞＋七彩防火秀 | 169 |
| 山羊餐廳 | 103 | 暖男人力車 | 172 |
| 機器人餐廳 | 107 | 熊熊聰明牧場 | 176 |
| 電視冠軍矇眼茶道 | 110 | 石頭長櫻花 | 180 |
| 黑大蒜與紅心精靈果 | 113 | 尋找雪怪 | 182 |
| 聖誕老人霜淇淋 | 116 | 恐龍琥珀大挖掘 | 185 |
| 沖繩怪味冰棒 | 119 | 尋找消失夢幻島 | 188 |
| 爆乳霜淇淋 | 121 | 猛獸親密接觸 | 191 |
| 玉翠冰淇淋 | 123 | 勇闖零下 70 度 | 195 |
| 蜜桃冰淇淋 | 126 | 夜遊找山貓 | 199 |
| 醉倒冰淇淋 | 129 | 花花魚田浮潛 | 202 |
| | | 帥哥風帆 | 205 |
| | | 日出瑜伽 | 208 |

## 奇妙感官篇

| | | | |
|---|---|---|---|
| 男女混浴溫泉 | 134 | 最大金塊淘金樂 | 211 |
| 蘋果溫泉 | 138 | 名牌拍賣搶翻天 | 215 |
| 大噴湯溫泉 | 142 | 神之道獨木舟 | 218 |
| 小海女鐵道體驗 | 144 | | |

# 媒體界的日本通，
# 寫出你所不知道的精采東洋風貌

4

　　明琪是臺大畢業的優秀學生，我的學妹；她又擔任過新聞記者，長年從事媒體工作，又是我的後進。她要出書，我迫不及待地要為她寫一篇序文。

　　我在電視圈已經 50 年了，早期先任電視記者，自轉播少棒後，似乎名滿臺灣。然後我擔任臺灣電視的第一名新聞主播，再主持「強棒出擊」，進而轉播 1988 年漢城奧運會，於臺視做了多年的節目部經理，直到主持第一個類戲劇節目「臺灣變色龍」，開啟了更多采多姿的電視人生。

　　之後，電視頻道多了，我出現於螢幕的機率幾乎無所不在，最為難忘與不可思議的，反而是一個外景節目「背包踐客」。那是明琪策畫的一個外景節目，首集便邀請我為特別來賓，而且去沖繩出外景，內容是圓夢，不僅驚險，而且無法預知結果。由於明琪對日本太了解，加上這又是我在電視圈 50 年來的第一次，我便欣然同意！與明琪搭上了飛往沖繩的班機，展開破天荒的初體驗之旅。

　　我只能說，這趟旅程此生難忘，也難怪這個節目獲得金鐘五十提名的榮譽。旅程讓我心存興奮，甚至感激，若不是明琪那麼深入了解日本，又為何能讓這趟旅途如此特別？若不是明琪那麼深入了解日本，又為何能寫出如此獨特的書呢？

知名主播及主持人

# 旅日10年的精華景點，
# 獻給有緣讀者

作者序

　　日本，是很多旅人喜愛的地方，於我而言，也是第二個家。住了 10 年的東京，是個分秒變化的城市，充滿說不完的祕密，等著旅人去發掘。幾千個日子，因為採訪工作，因為迷戀新事物，踏上日本從南到北的許多地方。為了新聞獨家和節目收視，總在追求最稀奇、最不可思議、最美麗、最可怕、最豪華、最頂級⋯⋯。

　　這好多好多的「最」，編織成我的人生故事。搭小船踏上無人島，和全身裸體的原始野人面對面；挑戰日本電視冠軍大胃王，比賽吃拉麵；尋找日本神話中的妖怪，目睹河童手骨與鬼手印；品嘗東洋頂級料理、上山下海探訪消失的夢幻島；鼓起勇氣嘗試日本古早習俗「男女混浴」，和一絲不掛的男男女女泡溫泉純聊天⋯⋯。旅程，有難忘、有驚悚，也甜蜜、也深刻，日本友人說，連日本人都沒見過這麼多不同模樣的「日本」。很多體驗，值得一試，道不完、說不盡，寫成文字，與有緣的您，一起分享。

5

特別感謝
岩手縣廳及觀光協會・青森縣廳及觀光協會
靜岡縣廳及觀光協會・日本星野集團

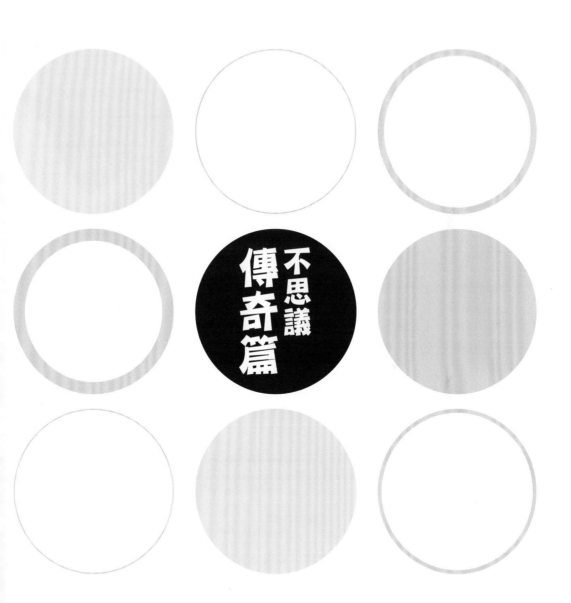

不思議
傳奇篇

# 無人島
# 裸體原始人
# 探訪之旅

西表島

一年到頭都不穿衣服，皮膚曬得黝黑

你相信世界上還有原始人嗎？日本沖繩有個未開發的小島，住著一位80歲左右的老阿伯，一年到頭全身光溜溜什麼都不穿，在島上過著純天然的裸體原始生活。如果想造訪原始人，來一趟如電影般的旅行，從臺灣搭飛機只要40分鐘，就能實現夢想。

原始人居住的小島，位於八重山群島的西表島附近，名為「外離島」，島上沒有任何水電、瓦斯等基礎建設，從古早時代就是個無人島。據說在20幾年前，一位日本男性旅行來到無人島，被自然環境感動，就決定搬到無人島上，開始過著與世隔絕的生活。聽到如此特殊的故事，我們決定踏上小島找野人，先在西表島上租了一艘小船，和船夫商量好，出發尋找神祕的原始人。船夫說，要看到野人得碰運氣，如果潮水漲得不夠高，就無法接近沙灘，而且，野人沒有手機或任何通訊方法，無法事前取得聯絡，能不能見到，只能看天意。

船從西表島出發不到20分鐘，就看見外離島了，船夫慢慢靠岸，乳白色的沙灘上，是一片草叢和矮樹，朝著樹叢走，有艘廢棄的小船，這就是野人家的入口了，廢船上放著幾個大小鍋子，後來才知道這些鍋子是用來接雨水。從野人家門口走進去，是一條被樹木包圍的小路，有點像「玄關」，穿過小路後，就看到野人的家了。小木屋是野人自己搭建的，聽說颱風來時，野人就會躲進小木屋裡避風雨。走近小木屋，最深處突然出現人影，眼前的光景真讓人不敢相信！皮膚黝黑、身材偏瘦的

● 1 裸體原始人的家,入口處有艘廢棄小船　2 大門口的廢棄小船,鍋子用來接雨水
　3 野人自己動手搭建的小木屋　4 野人邊煮飯邊聊天

老人,一絲不掛站在木屋前,沒想到世界上真的有原始野人!我們一行人驚訝得張大嘴說不出話,正猶豫該不該靠近時,野人阿伯主動開口打招呼,我們表明來意,他大方說,願意帶我們參觀他的家。

　　全身光溜溜的阿伯,用布包著頭,穿著拖鞋。聊了一會兒,知道這位野人阿伯名叫「長崎真砂弓」,80 歲左右,在日本九州福岡出生,原本是一般上班族,20 多年前,突然想逃離現代社會,因緣際會下來到這個小島,決定拋開一切搬到島上來過原始生活。聊著聊著,阿伯說肚子餓要準備午餐,於是帶我們來到他的原始廚房,開始做菜。阿伯這天中午的午餐是「海藻蕎麥麵」。他熟練地升火,放進麵條,然後再把事前撈起來的海藻用海水攪拌一下,增加鹹味,水燒開後把麵條煮熟再加入海藻,就可以吃了。平常在島上,沒水、沒電、沒瓦斯,只能自己升火找食材,阿伯說,他通常都是到海裡捕魚撈海草吃,偶爾會有當地居民開小船經過,送來麵條或白米等簡單食材,給他當禮物。他用樹葉刷牙,不舒服的時候,就用海水漱口消毒,

● 1 野人的午餐配菜，海裡撈來的海蘊　2 野人搭建的廚房，有些料理用的鍋碗瓢盆　3 野人煮飯的道具

很少生病。

　　野人阿伯帶我們參觀他的家，有廚房、臥室和倉庫，還有晾棉被的地方。雖然簡陋，但挺有秩序。原以為無人島上的日子應該很悠閒，但野人阿伯說，他平常的日子其實很忙碌，一早起來要先聽收音機預報氣象，才能知道是晴是雨，適不適合曬棉被。阿伯說，無人島離臺灣很近，還能聽到臺灣的廣播。阿伯每天在小紙條上列出他的應做事項（野人版的 to do list），比如今天要曬棉被，然後準備食材、做午餐等，已經完成的事情，他就會在清單上用筆劃掉，生活相當規律。參觀的同時，廚房的麵也煮好了，阿伯還泡了一壺茶，裝在保溫瓶裡，把麵拿到「大門口」，準備享用午餐。

　　野人阿伯說，吃飯要配美景，身心才健康，尤其在純天然的海闊天空下，食物吃起來會更美味。阿伯將那碗麵和茶杯擺在「保麗龍餐桌」上，坐在「保麗龍小板凳」上，開始品嚐他的天然美食，裸體吃麵的姿勢看起來真豪氣。阿伯說，這些保

小木屋裡放著防颱風的用品　　　　　　　　　　　野人對食物很容易滿足，只要能吃飽就行

麗龍桌椅家具都是海上的漂流物，撈起來後簡單設計加工就能當桌椅。吃麵吃到一半，野人阿伯很認真看著我們，嚴肅地說：「你們這樣光用看的，無法體會原始的真正意義，我建議你們應該跟我一樣全身脫光，在這裡住上至少一個星期，才能完全融入自然。」碗裡的麵還剩下一半沒吃完，阿伯突然站起來，往沙灘另一頭走，阿伯解釋，現在要去餵烏鴉，因為只要跟烏鴉分享食物，烏鴉就不會來家裡搶吃的，這叫做與自然共存。走到旁邊空地，阿伯叫我們先躲到石頭後面，免得烏鴉認生不敢飛來，他開始學起烏鴉叫，「嘎嘎嘎」叫了幾聲後，幾隻烏鴉彷彿聽得懂，飛到石頭上叼走麵條，我們在一旁看得目瞪口呆。

　　烏鴉餵食秀之後，阿伯說要整理木屋和準備晚餐，讓我們自己在島上逛逛。小島面積不大，沙灘上長滿許多植物，也能見到不少寄居蟹，沿著沙灘散步，海天一色的寬闊，讓人很放鬆，也難怪野人阿伯過得如此愜意。我們帶了釣竿來，於是照著阿伯說的，開始在岸邊海釣，據說運氣好的話，一下子就能釣上好幾條魚。把烤

● 1 野人家一景　2 簡陋卻一應俱全的野人家　3 野人手作的接雨水道具,這樣才有淡水喝
4 野人親切的送我們離開

肉用的爐子從船上搬下來,升火烤魚,燻烤的魚抹上一點鹽,一邊品嘗、一邊望著海景吹海風,感覺魚肉特別鮮美。這般體驗,果真是原始天然。太陽西下,我們準備離開,野人阿伯走出來道別,還幫我們把船推出去,站在岸邊揮手說,他很期待遊客來訪,更歡迎有興趣的旅人來體驗小島的自然生活。

INFO

外離島

交通:從臺灣桃園機場搭飛機,約 40 分鐘抵達石垣機場,再搭船到西表島,在西表島上任何一家飯店都可詢問到專門載客遊覽的船家,包船從西表島出發,行駛約 20 分鐘,即可到達。

# 洗錢神社

●埼玉縣
川越市

很多信眾來洗錢

　　公開洗錢不只不犯法，而且還能獲得神明保佑？日本神社提供信徒「洗錢服務」，只要在神社裡「洗錢」，據說就能招來財運發大財！世上竟有如此不可思議的事情，這間「洗錢神社」，就位在日本埼玉縣的川越市。

　　洗錢神社正式名稱叫做「熊野神社」，起源於 1590 年，是個歷史悠久的神社。聽到「神社洗錢」的傳聞，當然要來神社走一趟一探究竟。熊野神社有個石製鳥居，從路口走到鳥居的沿途，兩旁鋪滿了小石頭，稱為健康之路，很多參拜的遊客選擇走上兩邊的健康路，先來腳底按摩一番，短短的健康路走完後似乎真的比較神清氣爽。居民說，走完健康路，再到神社參拜，能保佑你身體健康。

　　走進鳥居後，除了祭祀的神像之外，最有名的就是神社裡的「寶池」，寶池後面供奉的神明是「弁財天」，類似臺灣的財神爺。首先得祭拜弁財天，祈求財運，接著到寶池前面，準備開始「洗錢」！洗錢的方法是，把準備好的硬幣和紙鈔放入竹籃裡，竹籃是廟方準備的，就放在池子旁邊讓遊客自行使用。然後先用細長的勺子舀一瓢池水，淋在竹籃裡的錢上面，然後把竹籃放進寶池裡，確定硬幣和紙鈔都泡進水中後，開始輕輕前後左右搖晃竹籃，心裡一邊默念著：「我要發財、我要發財。」把錢給徹底洗乾淨。之後再把硬幣和紙鈔撈起來，晾乾放入錢包裡，就完成了「洗錢」的程序。住持說，洗好的錢，最好拿去投資，比如說買股票、買彩券等，最有效果，錢咬錢，可能為你帶來更多財富。住持笑說，很多人不只把紙鈔和硬幣

● 1 號稱洗錢神社的熊野神社　2 不少信眾每年都要來洗錢招財運　3 洗錢神社人員很親切解說如何洗錢
4 洗錢池子旁邊還有套圈圈，丟幾個圈圈，測試你哪種運氣比較好

拿來洗，還有人連信用卡都放進竹籃裡面洗，希望增加更多財運。據說，洗錢的同時，
弁財天神明也會同時洗淨你的身心，消除不乾淨的塵埃，讓錢變得乾淨又有福氣，
進而帶來財運。如果洗完不過癮，還可以挑選廟裡準備好的各種護身符，祈願保佑
錢財滾滾來。

　　另外，熊野神社每月的第三個星期天，是「洗錢弁天緣日」，廟方會在早上 11
點和下午 3 點分別發送 50 枚福錢硬幣給信眾，先到先贏，發完為止。除了洗錢之外，
熊野神社裡還祭祀著管理公司產業的神明，遊客可以先祭拜這位「倉稻魂命」神，
然後到旁邊的丟圈圈區，用丟擲圈圈的方式來卜卦測運勢。套圈圈的木板上掛著五
張長形白紙，紙上分別寫著戀愛運、工作學業運、健康運、金運和心願成就運。圈
圈是用麻繩所編成，一個人每次可以投擲三個圈圈，先決定在五張白紙中，你最想
要測的是哪種運，然後對準白紙下方的棍子投擲圈圈，套中棍子，就表示那項運氣
會非常好。

● 1 洗錢神社一景　2 紙袋裡裝著洗錢神社的福錢硬幣,可以放在錢包裡招財,旁邊是扇子形狀的籤詩
　　3 很好逛的川越街道,不少特色小店能買到稀奇的紀念品　4 洗錢神社位在號稱小江戶的川越街道

　　到熊野神社體驗完另類的「洗錢」和套圈圈後,建議可以到周邊的「川越街道」走走逛逛,號稱「小江戶」的川越街道,整條路都保持著古老建築,很有幕府時代的懷舊感,其中有不少文創小店、餐廳或小吃,也很值得嘗試。

ⓘ INFO

川越　熊野神社
地址:埼玉縣川越市連雀町 17-1
電話:049-225-4975
交通:搭乘西武新宿線,在「本川越」站下車,步行約 10 分鐘。

# 招財貓神社

名為今戶神社的招財貓神社

　　日本最有名、也最萌的神明，非招財貓莫屬，在東京淺草，有間招財貓神社，被日本人稱為招財貓的發源地，裡面供奉著巨大的招財貓神像，據說能為信眾帶來財富和姻緣，尤其是求感情的男女，特別靈驗。

　　招財貓神社的正式名稱為「今戶神社」，是淺草下町八神社之一，更是祈求好姻緣的能量景點。神社的主神是應神天皇、伊奘諾尊和伊奘冉尊。伊奘諾尊和伊奘冉尊在眾神中，最早結為夫婦，定居在日本，之後生下了許多神明，因此被日本人視為締結姻緣和創造繁榮的神明。招財貓神社的本殿前面，祭祀著一公一母的招財貓，高度大約 70 公分，原本是附近大樓用來在過年時擺放的吉祥物，後來大樓決定要將兩隻招財貓扔掉，今戶神社很捨不得，就把兩隻巨大的貓帶回重新修整，放在本殿外，於是兩隻討喜的招財貓像從此成了神社的代表。左邊的花貓代表日本神話中建國之祖的伊奘諾尊，右邊的白貓是他的配偶女神伊奘冉尊，兩隻招財貓放在一起成了一對，也被稱為「結緣貓」。從本殿的樓梯走下去，旁邊擺放著兩隻石製招財貓。據說，只要一邊默念著心願、一邊摸摸石像貓的頭，再拍張照當作手機桌布，就能實現你的願望。

　　今戶神社所在地，於 16 世紀時流行製作今戶燒陶器，江戶時代末期出現了招財貓今戶燒，後來神社更推出兩貓相連的「結緣貓」，公貓裝飾著黑點，母貓是雪白色，一齊舉起右手，象徵招來良緣，吸引不少情侶前來參拜。至於今戶神社為何會

● 1 神社門口的招牌畫著大大的招財貓　2 不同版本形狀的招財貓繪馬很受歡迎，正面是一對招財貓，反面用來寫願望　3 正殿裡擺放著一對大型招財貓　4 招財貓形狀的繪馬掛得滿滿

被視為招財貓的發源地呢？根據日本嘉永五年流傳的紀載，有位住在淺草花川戶的老婆婆養了一隻貓，平時對貓咪非常疼愛，後來因為日子過得太窮了，養不起貓咪，不得不忍痛把貓送走。後來老婆婆夢見愛貓對她說，塑造以牠為型的陶燒貓像，就能得到幸福，於是老婆婆依照夢中貓的意思，造了單手高舉的陶燒貓像，放在淺草寺旁邊販賣，沒想到非常受歡迎，讓老婆婆的生活變得富裕安穩，也引來不少商家開始模仿，用陶土或是瓷器製作出各種類似的貓像，成了一種流行。日本古早就流傳著貓有神祕的力量，現在日本的招財貓通常被店家放在玄關入口處，招攬生意和福氣。

　　招財貓神社裡，除了本殿上下的兩對招財貓之外，到處可見貓的裝飾物和小東西，這裡的招財貓不僅招財招福，最厲害的就是能招來好姻緣，因此也叫做「婚活神社」。日本媒體將這裡的石頭招財貓，列為全日本最受歡迎的手機桌布照片。參拜完神明，摸完招財貓的頭，還可以到神社商店裡購買招財貓祈願繪馬，這裡的繪

招財貓神社正面入口

馬跟一般神社的繪馬很不一樣，是圓形的，上面還畫了兩隻可愛的招財貓，廟方說，圓形繪馬的形狀，代表圓圓滿滿，更代表好的緣分。在圓圓的「貓繪馬」上寫下自己的心願和姓名掛起來，就能期盼招財貓帶來好姻緣或好財運。因為神社非常受歡迎，一眼望去，繪馬掛得滿滿滿，重疊再重疊，上面寫的有日文、中文、英文等各種不同語言的願望，住持說，幾乎都是來求姻緣的，其中有很多對如願結婚，還刻意來還願順便拍攝婚紗照呢！

這間神社跟其他神另外一項不同之處在於，住持是一對年輕姐妹花。這在日本可說相當罕見，通常寺廟神社的神職人員都是由男性擔任，今戶神社的住持竟是一對可愛的姐妹花。穿上神職人員服飾的住持，留著一頭烏黑長髮，個性相當開朗活潑，還為神社發明了「神社體操舞」，在網路上瘋傳，受到信徒熱烈歡迎，連東京的電視臺也來採訪。此外，本殿下方的那對石頭貓，據說除了姻緣之外，招財效果也很驚人。住持說，摸過石頭貓許願的民眾，很多回來還願，民眾笑得合不攏嘴說，中了樂透 1 億日幣；就她所聽到的信眾敘述，目前總共有 4 個人摸了石頭貓，再把石頭貓的照片當作手機桌面每天許願，之後獲得 1 億日幣彩券大獎的實例。

超萌的女住持說，她們姐妹繼承父母的事業，繼續經營神社，嚴格說起來，她們的職位是巫女，隨身拿著日式的祈福麾，幫民眾解惑求好運。另外，為了讓神社

● 1 滿滿的招財貓　2 招財貓神社裡的年輕巫女住持　3 摸摸石頭招財貓的頭，能帶來好姻緣
　　4 石頭招財貓，上面寫著祈願方法

更符合時代潮流，巫女姐妹還在神社裡張貼海報，不定期舉辦「婚活」，讓年輕男女有機會參加聯誼聚會，製造機會讓男男女女找到有緣人。巫女住持說，這項活動一推出就受到很多人歡迎，活動持續幾年下來，也促成了不少對好姻緣。

　　參拜結束後，建議可以選購今戶神社特製的各種貓咪形狀護身符，最簡單的貓咪護身符是圓形的，上面有兩隻招財貓，總共有 8 種不同顏色，一個售價 800 日幣，如果想求姻緣，很適合買來隨身帶著。另外還有一種護身符是用紅線綁著的圓形小鏡子，據說反射到陽光，就能看到神像出現在鏡子裡。如果很喜歡圓形的貓咪繪馬，也可以買來當伴手禮，貓咪圖案的圓形繪馬共有兩種圖案，分別是求姻緣的兩隻白貓圖案，以及工作祈願的兩隻紅貓、黑貓圖案，一枚 700 日幣。

　　日本網友還為這間戀愛神社，整理出了最靈驗的參拜方法。首先，到神社參拜前要盡量少吃肉，到了神社後要先把手洗乾淨，投入 1,000 日幣到「賽錢箱」裡，敬禮兩次、拍手兩次，在心裡把自己的姓名和住址告訴神明，然後一定要感謝神明平

● 1 女孩們低頭祈求戀愛心願　2 各種可愛的戀愛心願　3 每處裝飾都是貓　4 正殿裡的大型招財貓

日的照顧，並且祈禱神社的社運昌隆。說完後，再把自己許的願望告訴神明，這部分要盡量具體一點，比如說若已經有喜歡的人，就將對方的姓名等資料告訴神明；若還沒有喜歡的人，就將自己喜歡哪一類型，仔細告訴神明。許願完畢，再向神明深深一鞠躬。據說這樣做，靈驗度可以增加很多。今戶神社距離東京知名的隅田川很近，逛完神社，不妨到附近走走逛逛，體驗日本的庶民下町風情。

ＩＮＦＯ

今戶神社

地址：東京都台東區今戶 1-5-22
電話：03-3872-2703
交通：搭乘都營淺草線，在「淺草」站下車，步行約 15 分鐘。
營業時間：09:00 ～ 17:00，全年無休。

# 出租伴侶

突發奇想出租自己，意外成了一門生意

　　一個人旅遊很無聊怎麼辦？不想一個人去買東西怎麼辦？一個人想找人聊天怎麼辦？日本提供一種出租服務，專門出借日本大叔，1 小時 1,000 日幣，只要不違法，可以陪客人做任何事。如果到日本旅行，臨時想找個旅伴，不妨試試看日本的「出租大叔」服務。

　　發明出租大叔服務的日本人，名叫「西本貴信」，1967 年生，將近 50 歲的大叔年輕時去美國，從事戲劇電影造型工作，回日本後做過不同的工作，像是學校講師、造型師等。2012 年，西本突然想，日本什麼東西都能出租，如果他也把自己當成商品出租呢？於是開始以 1 小時 1,000 日幣的價碼出租自己。這項異想天開的特殊服務，果然在日本造成話題，還真有不少人想要租這位日本大叔。留著小鬍子、半長頭髮的「西本貴信」，外型不算大帥哥，卻很受女性顧客歡迎。西本說，有很多人是為了找人陪買東西、看電影，或是一日旅遊，才預約租他出去作伴。

　　聽說了這樣的服務，我立刻想來試試看，於是上網預約要租這位大叔，很快就得到回音，問清楚服務內容後，約定了見面的時間、地點。這次決定要租這位大叔來陪同賞櫻花，當天大叔準時出現在見面地點，大叔的外表、穿著打扮不像日本歐吉桑，可能曾當過造型師，打扮起來有型男的味道。笑容滿臉的大叔很健談，開始說起櫻花的起源和故事，還挺應景的。之後大叔陪著我們在櫻花樹下吃吃喝喝，感覺好像認識很久的朋友一樣自在，溝通聊天的能力很不錯，難怪有不少日本女性要

● 1 出租大叔到六本木之丘陪客人聊天　2 出租大叔很有紳士風度，會隨時幫女生提東西
3 出租大叔最常陪客人到東京的各種浪漫景點散步　4 跟出租伴侶出遊，變成一種另類流行

花錢租他。大叔說，很多客人一租就是一整天，還有不少學生或年輕女性常常找他聊戀愛和感情問題，久而久之，大叔幫人心理諮詢的經驗越來越豐富，最近還將這些經驗集結出書，甚至和另一位歐吉桑合作，增加了出租大叔的選項。

　　新入行的出租大叔，藝名叫「獅童」，看照片感覺有點像日本明星「中村獅童」。本名中筋大輔的獅童，從年輕就開始在酒店服務，在飲食業界也有工作經驗，對接待客人很有心得。有點搞笑的獅童大叔，還在自己的部落格上寫著「新貨入荷促銷活動」，將原本 1 小時 1,000 日幣的服務，限期降價打折到 90 分鐘 1,000 日幣。獅童大叔說，他很愛聊天，只要付租金和交通費，不管日本哪裡他都會準時赴約，如果是幾個人相約到日本旅遊想找導遊地陪，他也能勝任。大叔們表示，他們提供最方便的租賃，付費方式是現場付現，出租使用完畢可以隨地歸還，讓客人滿意就是他們最大的希望。下次到日本，如果想嘗試租個伴陪你旅遊，可以在出發前先到出租網站預約，大叔們可用簡單的英文溝通。

● 1 要賞櫻花也不用怕一個人會寂寞,約出租大叔一起賞花聊天　2 賞花季是出租大叔最忙的時期

3 鋪著塑膠布席地而坐,讓出租大叔陪你吃吃喝喝打發時間

## 相關資訊

出租網站:ossanrental.thebase.in

西本貴信的個人網站:ossanrental.tokyo

獅童大叔的個人網站:www.facebook.com/d.n.nakadai.shidou

# 鬼手印神社

● 岩手縣
盛岡市

鬼手印神社

　　日本東北地區流傳著各種鬼怪傳說，其中在岩手縣，有許多不可思議的故事，像是「耶穌基督的墳墓」，或是「會眨眼睛的斷頭畫像」，而其中最有名的，就是「鬼手印」。傳說中幾百年前，鬼怪在岩石上留下了手印，被保存到現在仍然能看到。

　　連日本靈異節目都介紹過的鬼手印岩石，位於岩手縣東顯寺境內，名為「三石神社」的小神社裡，祭祀著三個高 6 公尺、圓周 9 公尺左右的巨大岩石，其上綁著白色符咒，被稱為「鬼的手形石」，這也是岩手縣名稱的由來。三塊巨大的岩石，據說是岩手山火山爆發時所噴發飛來，當時的居民將岩石稱為「三石樣」，深信這三塊巨岩有神力，於是開始祭拜。傳說故事中敘述，當時有個羅剎鬼在附近出沒，不斷欺負當地居民，人們不堪其擾，於是去祈求岩石幫忙，三塊岩石神明答應民眾的懇求，將鬼綁在石頭上，要求鬼蓋手印發誓永遠不再作惡，鬼在石頭上留下手印，承諾不再回到村子裡，岩石神明就把鬼給放走了。居民為了慶祝擊退惡鬼，便在石頭周圍跳舞歡慶，這也是現在知名祭典「盛岡三颯舞」的由來。而岩石上的鬼手印流傳到現在，也成了這個縣的名稱「岩手」。

　　鬼手印神社被認為是「能量據點」，日本遊客表示，到神社裡能夠吸取岩石的力量，補充身體能量。居民說，石頭上的鬼手印痕跡，已經隨著時間變淡，如果是雨天前去，手印的痕跡看起來比較明顯。而石頭中間的縫隙，塞滿了很多硬幣，都是去參拜的民眾為了祈福許願放入的。神社位在小巷裡，走進巷子就能看到大大的

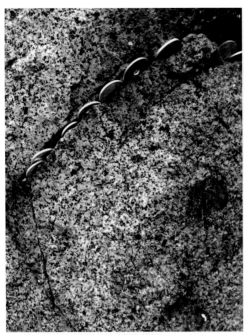

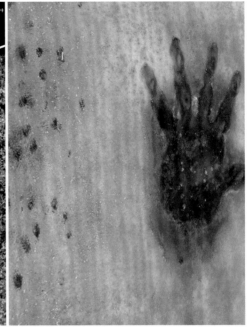

鬼手印岩石縫隙塞滿信徒祈福用的銅板　　　　　　　這是後來廟方蓋的鬼手印示意圖

牌子標示著「鬼手印神社」，我們造訪當天剛好是雨天，在岩石前面合掌拜拜，再繞著周圍慢慢走仔細看，依稀能在其中一塊岩石上看出類似手印的痕跡。神社壇前放著信徒帶來的水果和酒等祭祀品，蘋果上竟出現了齒痕，像是被咬了一口，聽著當地友人說故事，似乎真有點奇妙的感應。據說當地的年輕學生，特別喜歡在夜裡造訪試膽量，看看能不能遇到岩石顯靈。

　　如果夏天前往三石神社，可以同時欣賞夏日知名的祭典「盛岡三颯舞」，每年 8月在盛岡市政府前舉辦連續 4 天的祭典，參加者多達 36,000 人，場面壯觀。而要跳盛岡三颯舞的人，都得先到三石神社祭拜後才可以去跳舞。

INFO

三石神社
地址：岩手縣盛岡市名須川町 2-1
電話：019-622-2061
交通：從 JR 盛岡車站前的巴士站，搭乘岩手縣交通巴士，往松園盛岡站松園營業所方向，約
　　　10 分鐘抵達「大泉寺口」站，下車後步行約 3 分鐘即達。

# 河童大蒐奇

曹源寺河童廟供奉著河童

　　日本遠古傳說記載，世界上有河童的存在，是一種喜歡作弄人、長相奇特的妖怪。而日本岩手縣遠野市土淵町，傳說是妖怪河童出沒最多的地方，甚至到了現在，還有不少人特意造訪，想要捕獲野生河童。而在東京，甚至有間河童廟，裡面竟然供奉著河童的骨頭！

　　河童出沒地，位於遠野市土淵町一間寺廟「常堅寺」的後方，這裡有條小河，被稱為「河童淵」。神話故事中描述，此處是河童的棲息地，過去若有人帶著馬到河邊喝水，河童還會惡作劇，把馬拉進河裡。走進常堅寺，可以看到類似石獅的雕像，當地人稱為「河童狛犬」，長相類犬似獅的石雕，頭上有個凹槽，就和傳說中河童頭上的形狀很相似。再朝著左後方往裡走，過了小橋就是一條河，便是傳說中的神祕地點「河童淵」。根據當地居民說，古早時期這裡常有河童出沒，還有好幾位村裡的老人親眼見過河童，如此不可思議的傳聞，也吸引不少人來探險尋找河童。當地政府甚至在河邊架設 24 小時監視錄影機，想要捕捉河童的身影。河邊有個矮小的祠，和一個成人蹲下去的高度差不多，裡面祭祀著女河童，據說河童神又叫做哺乳神，女信眾來祈求就能順利哺乳養育新生兒。

　　河童出沒的傳聞吸引遊客造訪，久而久之，當地也變成河童觀光地。觀光協會想出很多有趣的噱頭吸引更多人來訪。比如說，想要捕獲河童，就像是進山林獵捕野生動物一樣，狩獵之前，必須先取得打獵許可。民眾到了當地後，可以先在觀光

● 1 河童廟的天花板上有許多河童畫像，其中包括知名漫畫家手塚治虫親手所繪的
　2 河童手骨，經日本科學機關鑑定為不明生物骨骼　3 河童淵入口是一座古廟
　4 廟裡每到春天都會開滿櫻花，穿越櫻花樹，後方就是河童出沒的小溪

協會經營的「旅之藏遠野」商店購買一張 210 日幣的「河童捕獲許可證」，會當場
拍照放在許可證上，就代表當地政府允許你去捕河童了。河童捕獲許可證背面還寫
著七條守則，包括：只能用新鮮蔬菜當誘餌、只能活捉不能傷害河童等，而連續五
年都來釣河童，並且更新捕獲許可證的話，還能獲得黃金河童捕獲證，拿著這張證
件，到附近商店消費可享 95 折。

　　領取了「河童捕獲許可證」後，可在商店裡租借獵捕河童用的裝備「蓑衣和斗
笠」。有些斗笠上面黏著長睫毛和大眼睛，有些則被畫上怪表情的臉，增加趣味。
穿上蓑衣和斗笠後，也可以請觀光協會安排捕獲河童的專家帶著你一起去，教導如
何捕獲河童。穿上裝備來到河邊，專家伯伯先請我們保持安靜，不要發出聲音嚇跑
河童，然後發給每個人一根竹釣竿，上面綁著一條新鮮的小黃瓜。據說是因為河童
最愛吃黃瓜，所以把黃瓜當成誘餌。之後就將綁著小黃瓜的釣竿丟進河裡，接下來

● 1 專門教遊客釣河童的日本阿伯　2 河童淵的廟裡，石獅子造型也如河童般，頭上有個凹槽，信眾會放入硬幣祈願
　　3 不少遊客穿上斗笠、拿起釣竿來釣河童　4 河童淵旁設置了好幾部監視器，希望拍下河童的身影

就跟釣魚一樣，得耐心等待，看看能不能釣到河童。當地政府還公告懸賞，只要能抓到河童，就能獲得 1,000 萬日幣獎金。

　　釣河童的過程竟有幾分緊張，想像如果真有河童這般神奇的生物出現，該怎麼辦？專家提醒，河童很愛惡作劇，要我們別太靠近河岸，免得被河童拉下水而弄得滿身溼。耐心等了許久，仍不見河童上鉤，我們自認和千萬懸賞金無緣，於是決定到商店逛逛，看看傳說中的河童照片和資料，店裡還有販賣各種河童相關商品。遠野市四周被山包圍著，空氣清新，到了 10 月中以後，滿山都是楓葉，景色相當迷人，就算釣不到河童，在這裡散散步或租自行車逛逛，聽聽傳奇故事，也非常有意思。

　　而除了岩手縣之外，其實在日本東京都市中心內，也有間河童廟，裡面甚至供奉著河童的手骨！被稱為「河童廟」的曹源寺，位於東京的合羽橋商店街內，據說在距今200多年前，居民飽受水災之苦，有位商人捐錢救災，商人因為曾經救過河童，河童因此主動幫忙救災治水，商人過世後埋葬於曹源寺內，從此也開始祭祀河童。

走進寺裡，右邊是一座河童廟，入口處有河童石雕，沿著階梯走上去，裡面供奉著「河童大明神」。據說這尊河童神，主要能保佑商人生意興隆。河童廟前擺著「賽錢箱」，供信徒祈願時投入硬幣，箱子上還放著河童愛吃的小黃瓜。走進廟裡，一抬頭，天花板上滿是一張張河童畫像，各種姿勢、顏色、造型的河童畫像，都是各界所捐贈，其中還有日本漫畫家「手塚治虫」親手畫的河童像呢！

照片中的阿伯，據說是當地的河童目擊者

廟裡最不可思議的，就是供俸著河童的骨頭！我們事前跟住持溝通，把裝著河童骨頭的小木盒打開來看。小木盒裡放著動物的手骨，手指的部分相當細長，據說這是很久以前一位信徒捐出來的，廟方曾把骨頭送去進行科學鑑定，得到的答案是，此為不明生物的骨頭，至今查不出究竟是什麼生物，生物學家只回應，這可能是目前地球上沒有的生物，更讓傳聞中的河童骨頭增添許多神祕色彩。廟方說，他們每年都會舉行河童聯邦共和國高峰會，輪流在日本各地信奉河童的地方展開，連臺灣都有河童分會。每年高峰會，成員們便分享各地最新的河童資訊。

如果造訪河童寺，除了一定要親眼看看河童骨頭之外，建議也可以由商店街朝東京晴空塔的方向走，沿路有好幾尊姿勢不同的河童雕像，也有不少商店販賣可愛的河童點心或造型商品，可以買回家作紀念。

**河童淵**
地址：岩手縣遠野市土淵町土淵 7-50（常堅寺後方小溪）
交通：從遠野電車站，搭乘巴士到「傳承園」下車，步行約 5 分鐘。

**遠野觀光協會**
地址：岩手縣遠野市新穀町 5-8
電話：0198-62-1333
營業時間：09:00 ～ 17:00

**曹源寺　河童廟**
地址：東京都台東區松谷 3-7-2
電話：03-3841-2035
交通：搭乘地鐵銀座線，在「稻荷町」站下車，步行約 12 分鐘。

# 水手服洋男

● 東京

水手服洋男的音樂作品

　　滿身肌肉的鬍鬚壯男，穿上卡哇伊的日本萌系女裝，表演動漫歌曲改編的重金屬搖滾樂，這樣的藝人你見過嗎？他叫做 Ladybeard，這兩、三年在日本暴紅，人氣指數直線上升，不但出專輯辦演唱會、還有日本遊戲公司為他量身打造電玩遊戲角色，掀起話題。

　　為了滿足好奇心，我們聯絡鬍鬚男出來見面，Ladybeard 當天果然穿著可愛水手服現身，滿臉鬍子加上粗壯身材，卻綁著兩條辮子，穿上裙子，露出濃密的胸毛和體毛，表演賣萌，視覺反差效果實在很驚人。Ladybeard 見到我們很開心，一開口就說中文，不只簡單問候語，一連串的中文對話讓我嚇一跳，原來他的中文說得還不錯。這次跟 Ladybeard 單獨見面，當然要問問他的背景和裝可愛表演的祕訣，沒想到 Ladybeard 一聽，立刻決定要教我怎麼裝可愛賣萌！看著鬍子肌肉大叔夾起雙腳呈現內八姿勢，然後把手放在臉頰上嘟嘴，真是一陣天旋地轉，讓人一時不知道如何反應才好，這就是鬍鬚肌肉男最吸睛的特色！

　　鬍鬚肌肉男其實是澳洲人，一開始是摔角選手，後來開始表演重金屬搖滾歌曲；搬到香港住過 6 年，在香港以摔角選手的身分出道，還成為知名度很高的摔角選手；漸漸地鬍鬚肌肉男的極端反差裝扮引起其他國家粉絲注意，於是他開始把小時候最愛的動漫元素也加進表演，表演萌系摔角、萌系搖滾等現場演出，知名度越來越高。之後 Ladybeard 移居日本，以另類藝人的身分在網路上出道，也在東京的夜店不定期

登臺表演。穿上各種萌系小裙子的裝扮，配合動漫歌曲表演重金屬搖滾或摔角，肌肉和可愛的衝突惡搞，如此反差極大的演出，讓他在日本爆紅。Ladybeard 開始發唱片，開小型演唱會，還拍寫真集出版。據說這位仁兄甚至到臺灣表演過，日本知名遊戲公司 DeNA 還幫他在電玩中打造了一個擬真人角色。

開始吶喊大叫演出

　　鬍鬚肌肉男說，他小時候曾經扮演女裝參加派對，逗笑很多人，也非常喜歡這種逗人開心、給人驚喜的感覺，所以才會異想天開把可愛和重金屬結合，沒想到意外走出一片天。Ladybeard 說，他平常的嗜好就是逛女裝店，挑選各種可愛的小飾品，特別喜歡粉紅色。鬍鬚肌肉男擁有不少美女粉絲，長相漂亮的日本粉絲們最愛在他表演時於臺下尖叫。而最讓人驚訝的是，除了英文之外，他還會說中文、日文、廣東話和德文等共五種語言，每一種都說得流利，讓人難以置信。我們到 Pub 欣賞鬍鬚肌肉男的表演，果真是值回票價啊！Ladybeard 穿上比基尼，罩上短短的小裙子，綁著辮子登臺亮相，一開始唱出的歌聲輕柔乾淨，令人很意外，下一秒，卻突然變成粗暴嘶吼的搖滾風，覺得耳膜都要震破了，搭配上摔角選手的演出，非常具震撼性！當天為了表示歡迎臺灣客人，Ladybeard 還表演了一首中文歌〈月亮代表我的心〉，他說，最初聽到這首歌時覺得歌詞和旋律都太美了，所以馬上學起來，希望以後有機會到臺灣表演給大家聽。一場表演下來，見識到 Ladybeard 受歡迎的程度，不過由於每次表演都得花費很大力氣，Ladybeard 習慣表演完在後臺躺平 10 分鐘不動，以恢復元氣。

　　如果到東京有興趣欣賞鬍鬚肌肉男賣萌的另類表演，可以在鬍鬚肌肉男的網站上查詢活動場次，再直接前往，或者想要認識他，也可以透過 E-mail 直接聯絡，Ladybeard 為人很客氣，最重要是，可以用中文直接溝通。

INFO

相關資訊
網站：ladybeard.com

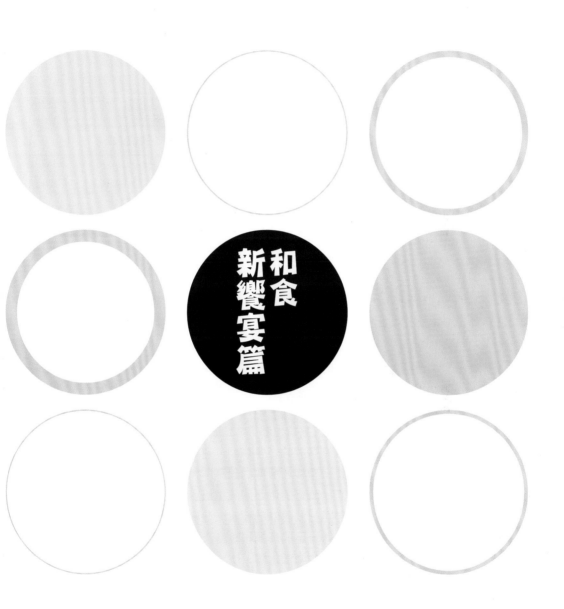

和食
新饗宴篇

# 豪氣松阪牛

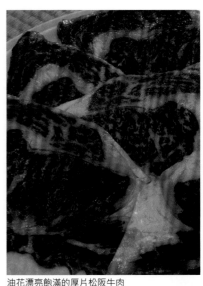

油花漂亮飽滿的厚片松阪牛肉

　　到日本最推薦的美食，就是松阪牛，被譽為日本頂級名牌牛肉，也是日本三大牛肉之一的松阪牛，起源於日本三重縣，這裡要為大家介紹松阪牛的始祖店「和田金」。這家於明治十一年創業的肉鋪，擁有 130 幾年歷史，一開始專賣高檔牛肉，後來在東京開分店，專為當時的王公貴族採買松阪牛。戰爭時，老店變成肉類配給單位，當時和田金的糧票非常搶手，甚至有很多人拿去高價轉賣。戰爭結束後，老鋪恢復正常營業，也開設自己專屬的牧場飼養松阪牛，如今成為日本全國最著名的松阪牛肉店，日本皇室成員和名人高官也都常常造訪。

　　傳說中的「和田金」到底有多美味、多夢幻，造訪前我先電話預約，希望在獨立的包廂裡好好享用。店面是一整棟 5 層樓的建築，大門一進去，鋪著紅毯、金碧輝煌的挑高大廳，讓人很驚訝，豪氣的派頭如同星級大飯店。穿著和服的服務生引導客人上樓，店裡到處可見純正日式風味的擺設，包廂有大有小，最大的宴會廳可容納 150 人。包廂裡放著東洋味十足的屏風和輪島漆塗製的圓桌，桌子正中央設有圓形烤爐，燒烤用具是重量十足的南部鐵器，炭火則是使用菊花形狀、不容易爆出火花或黑煙的菊炭。每個包廂還有一位專人服務，在當地這位穿著和服的專屬服務生又稱「燒き手」，負責幫客人料理牛肉。

　　松阪牛有幾種不同料理方法，菜單包括壽喜燒套餐、炭火燒套餐、牛排套餐等，其中最受歡迎的是壽喜燒套餐。壽喜燒套餐分成松、竹、梅三種等級，分別為

● 1 每個獨立包廂都會有專人服務，幫客人用最熟練的方式料理牛肉　2 前菜是松阪牛肉製成的燻製小品肉乾

3 顏色美如櫻花的松阪牛肉湯，現場加入熱高湯，再蓋上湯杯蓋子，讓牛肉像花瓣般綻放，味道鮮美

4 一樓大廳裝潢豪華大氣如高級飯店

16,400 日幣、14,300 日幣和 11,900 日幣。套餐主菜就是松阪牛，附前菜、配菜和甜點。考量到預算，點了梅套餐，專屬服務生先送上前菜，用松阪牛醃漬成的牛肉乾撒上山椒，小小一塊很開胃，服務生動作優雅地點燃炭火，再把小鐵鍋放上去，用筷子夾起一塊牛油，在鍋子裡讓牛油融化。整盤牛肉每一片的油花都非常漂亮，厚度也很夠，看了口水都快流出來了，待火候差不多，服務生就開始放入一大片牛肉，再加入壽喜燒醬汁和昆布高湯，最後加上砂糖提味，松阪牛的香味四溢。服務生為我夾起一片烤好的牛肉，我把熱騰騰的肉片放進蛋汁裡沾一下稍稍降溫，放進口裡，霜降的油加上肉片的嫩，瞬間幸福感破表！真的太好吃了！肉香搭配濃郁醬汁，口感就是難以形容的滿足！

　　服務生說，和田金自己有牧場，養了 2,000 多頭牛，除了健康乾淨的飼料和水之外，還會餵牛隻喝啤酒，幫牛隻按摩，讓牛放鬆心情，在最舒適的環境下成長，才

外帶區每天都會從牧場直接運來現宰牛肉

當日現切的新鮮松阪牛肉片，很多人會買回家料理

能養出肉質鮮美無敵的松阪牛。服務生還說，三重縣是日本全國最少人吸菸的地方，空氣特別好，這也為松阪牛的飼育提供了良好條件。邊吃邊聽服務生說故事，珍貴的牛肉吃完了，服務生開始放進蔬菜、香菇和大蔥，吸了鍋子裡的肉汁，蔬菜吃起來特別美味，豆腐口感也更豐富。飯後配上當季水果，再喝杯熱茶，為頂級美食體驗畫下完美句點。

　　店家表示，雖然店鋪開在三重縣，距離東京路途遙遠，但還是吸引日本皇室和名人造訪。如果吃不過癮，還有松阪牛便當可以外帶，只是價格不便宜，一個平均要 2,000 ～ 3,000 日幣。另外，餐廳一樓進門右手邊還有一間自家經營的肉鋪，專賣新鮮牛肉讓客人外帶回家。肉鋪很有日本古早味，料理區裡擺了幾臺切肉的大機器，客人決定好要牛腿還是牛腱等哪個部位後，再決定料理方法，如果要帶回去炒，廚師就會把肉片切成絲，包在油紙內，用繩子綁起來再貼上保存期限，交給客人。雖然肉類帶不回臺灣，還是推薦可以在店裡買松阪牛脂，一瓶 800 日幣，帶回來烤肉或炒菜，都能吃到松阪牛的香味。

INFO

和田金
地址：三重縣松阪市中町 1878 番地
電話：0598-21-1188
交通：JR 松阪車站出站後，就可以看到和田金的招牌，步行約 8 分鐘。
營業時間：餐廳 11:30 ～ 20:00、肉鋪 08:30 ～ 19:00。每月第四個週二、每年 1 月 1 ～ 2 日不營業。

# 奢華前澤牛

岩手縣
奧州市

前澤牛名店，牛之里餐廳

　　喜歡吃牛肉的人，一定知道日本有三大名牌牛，其中之一就是岩手縣的「前澤牛」。全國知名的前澤牛價格不菲，日本美食家評論，前澤牛是最奢華的牛肉，堪稱「肉的藝術品」，一生一定要品嘗一次。

　　經岩手縣當地人的介紹，要吃前澤牛，就得到產地「岩手縣奧州市前澤區」，據說要被認定為「前澤牛」，規定相當嚴格，種類必須是黑毛和牛，具備全國和牛登錄協會發行的小牛登記證書，然後依照規定的飼育方法至少飼養一年以上。飼養前澤牛，必須使用當地乾淨的水和品質優良的稻稈等飼料，飼主連在牛舍中走動都不能太大聲，以免驚擾到牛，要為牛梳毛和說話聊天，幫牛按摩，細心照顧，讓牛隻在沒有壓力的環境下成長。前澤牛的肉質細嫩，上面有薄薄一層白色脂肪（霜降），用刀子切時能明顯感覺到肉質的Q軟，非常適合當作火鍋肉、壽喜燒或牛排。

　　在日本友人的介紹下，我們來到擁有20幾年歷史的老店「牛之里」，這家店專賣前澤牛料理，店面很寬敞，可以容納100人，店裡有一般座位和獨立和室房間可以用餐；一般桌椅有26個座位，而日式榻榻米則有74個座位。店外有塊藍色的牛招牌，朝著客人招手，看起來很顯眼。如果選擇和室包廂，還能看到外面的盆栽景色，用餐時非常賞心悅目。店裡的料理大致分為涮涮鍋、壽喜燒和牛排三大類。最高檔的「全牛套餐」，能同時吃到牛排、涮涮鍋牛肉、牛肉握壽司和火炙牛肉片等，一客要價12,000日幣，荷包戰力夠的遊客，不妨點來品嘗看看。

餐廳老闆細心解說滿桌的前澤牛大餐

厚片前澤牛肉，霜降分布細緻均勻

　　店長說，除了本地人之外，還有不少有錢的外國客人不定期造訪，每次都要訂 VIP 包廂，點最頂級的全牛套餐。我們決定也來嘗試看看全牛餐，店員把料理擺盤放滿了桌面，光用看的就讓人感覺高貴奢華。第一口先輕嘗火炙牛肉片，輕薄滑順非常好入口；再試試牛肉握壽司，點綴霜降的牛肉配上飯粒，讓

前澤牛涮涮鍋附有一盤頂級肉片和蔬菜，牛肉的油花霜降很漂亮

整個口腔內充滿鮮甜感。之後把粉嫩的鮮牛肉片下鍋輕輕涮過，就算不沾醬也很美味。鐵板上的牛排，肉質柔軟又有彈性，果然如同當地老饕所形容，吃下去有種「幸福滋味」。如果點牛肉壽喜燒，可以用奶油煎烤肉片，濃郁的香味相當厚重，讓人一口接一口。點餐後，老闆還會先拿出當天進貨的整塊牛肉給客人看，證明品質新鮮有保障，一大塊牛肉看起來實在很震撼。要是吃不多的遊客，也可以選擇不同的牛肉套餐，涮涮鍋套餐和壽喜燒套餐一客約 5,000 ～ 8,000 日幣不等，量較少的套餐一客則為 2,300 日幣。

**牛之里**

地址：岩手縣奧州市前澤區向田 1 丁目之 5
電話：0197-56-6115
交通：從 JR 前澤車站步行約 5 分鐘可達。
營業時間：11:00 開始營業，最後點餐時間為 20:00。

# 黑糖壽喜燒

西表島

滿滿油花的阿古豬，肥而不膩，膽固醇比一般豬肉低

　　日本壽喜燒，很多人都喜歡吃，一般的壽喜燒作法，都是用醬油和砂糖等當底，先把平底淺口鍋抹上油燒熱，再加入青菜墊底，之後放入肉類和豆腐等食材，再加入甜甜鹹鹹的壽喜燒醬汁煮成。到了沖繩的西表島，這裡的人把壽喜燒稍微變化，發明了「黑糖壽喜燒」，不僅使用的食材頂級稀有，連醬汁也是用沖繩盛產的黑糖和泡盛酒等特調而成，很受歡迎。

　　這裡介紹的「黑糖壽喜燒」是沖繩西表島上一間星野度假村餐廳的招牌料理。餐廳本身裝潢充滿海島風，木頭基調的擺飾和色彩鮮豔的點綴，一進來就有來到南方島國的感覺。聽說沖繩的石垣牛和阿古豬非常有名，我們立刻決定要試試看，於是每人點了一套黑糖壽喜燒套餐。用餐前發現桌上擺了張小紙條，上面手寫著歡迎光臨，讓人覺得溫馨，服務員也很親切，端上前菜，總共有 4 道，包括西表島辣韭、花生涼拌豬耳朵、醃漬白菜香檸和豆腐。之後就是壽喜燒的食材上桌，大盤子裡裝著滿滿的新鮮食材，包括油花點點的石垣牛肉、粉嫩的阿古豬肉、青菜、青木瓜、洋蔥、海蘊、絲瓜、紅蘿蔔、車麩和唐芙蓉（一種沖繩特製的發酵豆腐糕），而食材中最特別的是，裡面竟然有水筆仔！餐廳表示，因為西表島 9 成以上的土地都是未開發的原始林，也有不少水筆仔生長，所以會拿來當作特殊食材讓客人嘗鮮。

　　服務生會先幫客人烤好第一片牛肉，向客人示範鍋的煮法，之後就可以由客人自己親手料理。石垣牛霜降特別多，油分很豐富，沾上黑糖壽喜燒醬汁，口感很飽滿。

● 1 黑糖壽喜燒套餐的食材　2 以加入黑糖和泡盛酒的醬汁為底　3 這套黑糖壽喜燒得先預約才可以吃到　4 蔬菜都是當地產的新鮮現採食材

據說石垣牛是日本全國各種名牌牛肉的養成地，也就是在空氣乾淨、水質好的小島上養牛，牛養到 1 ～ 2 歲時送至市場，來自日本各地的牧場便會來挑選小牛，再帶回去用自己的方式把牛隻養大，比如說，買回神戶，用神戶當地方法養大的，就稱為神戶牛，也就是說，沖繩的小牛是各種名牌牛肉的種子牛，非常高級。餐廳建議，先吃牛肉再吃蔬菜，接著吃豬肉配上其他食材，其中車麩是沖繩特製的，在鍋裡吸飽壽喜燒湯汁，很有嚼勁。另外，和一般壽喜燒沾生蛋汁不同，這裡的黑糖壽喜燒是沾半熟的溏心蛋入口。而黑糖壽喜燒醬汁是用醬油、沖繩黑糖，配上沖繩特產「泡盛酒」調製而成，不只甜甜鹹鹹，還帶著少許泡盛酒特有的刺激口感。

　　食材當中的阿古豬（アグー豚），是沖繩當地的品種，豬隻身材小而緊實，肉質很嫩，膽固醇也比一般豬肉少了四分之一，吃起來沒有負擔。另外，非常推薦的食材就是「海蘊」，這是沖繩料理常使用的海藻類，又名「水雲」，味道跟一般海藻差不多，形狀有點類似細細的蒟蒻絲，幾乎沒有熱量，對腸胃和皮膚很好，營養

1 麩圈下鍋煮一下就吸滿黑糖泡盛醬汁，軟軟的很好入口　　2 主食的麵條放在最後吃

3 小菜可以用來轉換口感，尤其是海蘊海藻，能增加清爽度　　4 餐廳裡還有自助式餐點吃到飽

5 涮羊肉也是一絕

一鍋滿滿的黑糖壽喜燒，食材豐富　　　　　　度假村除了以黑糖壽喜燒著名之外，房間也很有島國風味，陽臺能欣賞海景

價值高，沾上壽喜燒醬汁和肉片一起吃，口味搭配得非常巧妙。菜和肉都吃完後，還可以選擇白飯或烏龍麵加進鍋裡煮，再搭配一顆蛋攪拌在裡面，就變成日本雜煮飯或壽喜燒烏龍麵，飯粒或麵條沾上壽喜燒醬汁和剩餘的肉汁，味道非常棒。餐後則會附上一球冰淇淋、鳳梨和火龍果，再配上一杯熱茶。黑糖壽喜燒必須事前預約，最慢在用餐前 2 小時向餐廳預約即可。

　　其實這間餐廳除了黑糖壽喜燒之外，還有很多值得推薦的料理，比如說，當地特有的長命草料理和山豬肉料理，都非常特殊，選擇自助吃到飽的客人，也可以同時品嘗到各種不同的沖繩島國料理。餐廳裡還提供沖繩特有的「冰香片茶」，不管點哪種餐，餐後都建議品嘗一杯，可以解膩。至於黑糖壽喜燒的價錢，大人每位 5,400 日幣，7 ~ 11 歲每位 3,000 日幣，4 ~ 6 歲每位 2,100 日幣。主要是餐廳會依照年齡調整鍋裡食材的分量。

**INFO**

**Restaurant Iritiida**
地址：沖繩縣八重山郡竹富町字上原 2-2
電話：0980-85-7017
交通：臺灣桃園機場有直飛石垣島的班機，到石垣島機場後搭計程車或巴士前往乘船港口，
　　　從港口買票搭高速船，約 45 分鐘可抵達西表島上原港，再搭乘星野度假村的免費接駁
　　　巴士約 10 分鐘可達。
營業時間：早餐 07:00 ~ 09:30、午餐 12:00 ~ 14:00、晚餐 17:30 ~ 21:00。

# 米其林
## 貴婦餐 +
## 星空遊艇

石垣島

竹富島

主廚端上午餐料理

　　很多人喜愛到鄰近的日本尋找美食，尤其是米其林星級料理，在日本沖繩的竹富島上，有個被世界推崇的頂級廚師，自己在島上度假村園區裡種植了菜園，用其精挑細選的專業眼光，栽種出最健康美味的蔬菜。大廚曾多次獲得世界知名美食獎項，回國後愛上了竹富島的天然食材，決定在島上生活，並自己在菜園培育出各種海島特有的蔬果和香料，用其做成創意料理，讓客人品嘗。笑容滿面的暖男廚師服務很溫柔周到，菜園和餐廳也完全結合了小島的自然風景，氣氛獨特，因此吸引不少日本名人貴婦團造訪，這裡的料理也被暱稱為「米其林貴婦餐」。

　　這位大廚名叫「中洲達郎」，在竹富島上擔任度假村餐廳料理長，為了鑽研沖繩食材，於島上開闢了一個純白色系的菜園，就在度假村獨棟別墅區和餐廳區中間，看起來小巧精緻，像花園一樣漂亮。享用米其林貴婦餐之前，建議先預約和大廚一起到菜園挑菜摘菜，選取自己喜愛的食材。大廚會為客人準備竹製的小籃子，拿著小籃子走進菜園，大廚先詢問客人喜愛的食物口味，然後建議客人選取搭配的蔬菜與香料。我們摘了羅勒和長命草作為主菜的香料，然後在大廚的推薦下，另外採了幾種不同的蔬菜和香料放進籃子裡。準備好蔬菜香料後，把手上裝滿的籃子交給大廚，就可以到餐廳裡準備享用大餐。

　　不管午餐還是晚餐，最推薦的就是大廚親手在客人面前料理調製的新鮮沙拉。餐廳就位在圓圓的大泳池邊，圍繞著一整片綠油油的草地，襯著藍天和陽光，很有

● 1 菜園裡都是主廚本人精選的植物　2 主廚細心嘗味道，選擇最適合客人口味的菜和香料
3 午餐還附上沖繩特有的香片茶　4 每餐吃完都很有飽足感，卻又不會對身體造成負擔

異國情調。建議選在戶外的餐桌，不僅可以看美景，偶爾還會有蝴蝶飛來作伴，很
愜意。戶外的座位看到幾位打扮高雅戴著圓草帽的漂亮熟女，這兒果真是米其林貴
婦餐廳。坐定後大廚推著移動料理車來到餐桌前，開始熟練地在碗裡加入各種生菜
香料，輕巧的動作非常專業，像在欣賞表演一般，最後加入溏心蛋和特調醬汁，一
碗主廚沙拉就完成了，端上桌攪拌一下，入口滋味清新。大廚說，這就是用我們剛
剛親手摘選的菜和香料調理出來的。

　　主菜的部分有很多種，如果是午餐，選擇包括火烤軟骨豬肉蕎麥麵、燉牛筋蔬
菜咖哩、海人套餐與和牛漢堡等，價格從 1,400 ～ 2,800 日幣不等。晚餐菜色較多，
從前菜開始就很特別，第一道是紅酒醬汁燉煮煙燻海蛇配上甜菜湯，沖繩特產的海
蛇肉，大多以煙燻製作，再煮成湯或料理，據說海蛇肉很滋補，適合手術或生產後
補身體用。第二道菜是青木瓜蝦仁五穀米塔布雷沙拉，之後是香煎鮪魚與和牛淋上
長命草醬汁，再來是月桃香甘藍菜小起司鍋。主菜有兩種選擇，包括豬肩肉排、黑

● 1 主廚展現巧手為客人做菜　2 晚餐的蔬食餐讓人沒有負擔
　3 游泳池深淺不同，還放著椅子讓遊客坐在池裡欣賞美景　4 用珊瑚化石堆砌圍牆

毛和牛牛排，兩種都會配上長命草沙拉，至於點心則是芒果和沖繩藥草製成的菓子，晚餐每人 12,000 日幣。

　　如果想在自己的獨棟別墅 villa 裡用餐，也可以請大廚訂製外送餐，選項很多，其中比較推薦黑毛和牛石板牛排套餐，和牛肉在熱騰騰的石板持續發熱，油脂和肉的口感都很豐富，每人 5,500 日幣。順道一提，這米其林貴婦料理的碗盤，也十分有看頭，每件都是沖繩陶藝家的作品，做工纖細，料理擺盤上去也別有美感。如果想要輕嘗頂級天然美味，另外一個選項就是主廚推薦的兩種早餐組合，日式早餐以豆腐和粥為主，搭配苦瓜野菜等當地食材；西式早餐則是吐司火腿香腸和新鮮水果，從早上 7 點提供到 10 點半，同樣可以在寬廣的泳池畔享用，每人 3,500 日幣。

　　餐廳前的大泳池，24 小時開放，橢圓形的泳池以碗狀設計，由淺而深，水淺處放置了銅製躺椅和小桌子，可以讓你腳泡在池子裡，喝著飲料享受藍天綠地的美景。全長 46 公尺的泳池四周是一整片綠地，池邊有幾座搭著白色遮棚的長椅，許多人會

在這裡看書、喝咖啡，悠閒度過一下午。在泳池裡向上望，是一整片毫無遮蔽物的藍天，十分寬敞開闊，到了晚上，此處最特別的就是「星空浮潛」，建議遊客一定要試試看。

遊艇刻意保持黑暗，不造成任何光害，讓遊客欣賞星空美景

先向工作人員報名體驗活動，到了太陽下山時，穿上泳裝到池畔集合，做點暖身體操，然後工作人員會發給每個人一條長長可彎曲、類似吸水海綿的藍色條狀物，工作人員解釋，這就是星空浮潛的道具。拿著藍色長條走入泳池裡，先在池邊練習操作，把長條棒子左右兩手拿著，放到背後讓它環繞在腰間，變成一個半圓狀，然後背對泳池，慢慢往後躺下去，棒子就會乘載著身體，讓你浮在水面上。一開始可能會手腳不協調加上有點害怕，而失敗沉到水裡喝個幾口水，但透過工作人員指導，得知祕訣是要放鬆身體，待成功浮在水面上後，漂浮著仰望天空，藍黑色的夜空中，看得見好多星星閃閃發亮，沒有光害的小島上，星星特別清楚明亮，堪稱一大美景！

當地人說，竹富島很重視小島自然保護，居民又早睡早起，所以到了夜裡，幾乎沒有人工光源，星星就會特別清晰可見。除了泳池星空浮潛，還可以參加更晚的「星空遊艇」行程，度假村人員會開車帶著參加遊客到港邊，黑漆漆的港口伸手不見五指，下了車必須持手電筒才能看得見路走上船。船出海後，也不會開燈，船長開到海中央，就在黑黑的海上讓你看星星，整片天空的星星多到讓人難以置信，船長還會輕輕哼起沖繩民謠，或者向遊客說起關於竹富島星空的故事。最後回到度假村的獨棟 villa，沖個澡，還可以坐在專屬的院子裡再次眺望深夜的星空，與同行的家人、朋友星空下聊天，當地人說，竹富的星空每個時間點都有些微變化，很值得細細品味。

星野度假村　竹富島
地址：沖繩縣八重山郡竹富町竹富
電話：050-3786-0066
交通：從石垣機場搭計程車約 10 分鐘 ( 大概 1,100 日幣 ) 左右可達石垣港，從港口搭乘高速船，約 10 分鐘 ( 670 日幣 ) 可抵達竹富島港，飯店會有免費接駁車接送，約 10 分鐘可達度假村。

# 德川將軍古宅料理

● 靜岡縣
靜岡市

和式宴會廳很有江戶幕府時代的氣氛

　　你也想體驗一次當將軍貴族的滋味嗎？只要來到「浮月樓」，就能滿足你的夢想。「浮月樓」位於靜岡市的葵區，在明治時代，是第 15 代幕府將軍「德川慶喜」的宅邸，除了氣派的建築之外，還有一整片日式庭園，占地 2,000 坪。幕府將軍的老宅，後來被人買下來當作日式高級料亭，提供日本懷石料理。在庭園裡，春櫻、夏綠、秋楓、冬雪，四季的景色分明，來到這裡用餐後，還能到庭園靜靜漫步，放鬆身心。入夜點起燈，池子也時常倒映出皎潔的月亮，這裡也因此被命名為「浮月樓」。

　　浮月樓就在靜岡車站北口出來步行約 3 分鐘的地方，旁邊還有西武百貨，位於如此都市喧囂之處，走進去卻宛如另一個世界，瞬間停格，空氣裡滿是悠閒自在。德川慶喜在大政奉還後，在浮月樓裡隱居了 20 年，這期間一切非關政治，將軍專心研究拍照攝影、騎自行車、打獵划船等，過著相當自由自在的生活，現在此處還展示著慶喜將軍騎過的自行車、書法及照片等。目前作為料亭的浮月樓於明治二十四年正式開業，專門使用靜岡當地產的新鮮食材，做成頂級日式美味，許多日本名人、文學家，當時也常造訪這裡，品嘗美食，同時體驗將軍的隱居生涯。

　　要體驗將軍的生活，當然得盛裝打扮一番，造訪當天，我們預約了和服體驗，一到浮月樓，一堆志工媽媽就七手八腳幫我換上正統的和服，內裡、腰帶、鞋子，一樣不缺，連頭飾都很講究。看著鏡子，簡直跟日本娃娃的裝扮一模一樣。跟著志工媽媽，小碎步慢慢走到了料亭的包廂，準備品嘗我的「貴族晚餐」。浮月樓料亭

● 1 將軍住過的每一處都經過細心設計　2 浮月樓裡的小橋流水　3 大宴會廳是將軍用來招待客人的地方
4 古宅的套餐很受歡迎,建議事前預約　5 古宅保存著將軍喜愛的裝飾

德川將軍古宅浮月樓的入口

德川將軍極為喜愛的菜色之一

有很多間包廂。「清見之間」是可以容納 10 個人的和式包廂，能夠一邊用餐、一邊眺望窗外的庭園。「葵之間」則可以容納 50 個人，適合舉辦宴會。「菊之間」裡面放置的是桌椅，可坐 16 個人。「月光之間」最多可容納 150 個人，是浮月樓最大的西式包廂，裝潢豪華炫目，適合各種宴會。

至於料亭的菜色，如果是午餐可以選擇「名園懷石」，一客 5,750 日幣，共有 9 道菜，包括鮮蝦烏賊和花椰菜做成的前菜、青海苔口味的湯、生魚片、味噌烤魚、炸物和抹茶紅豆甜點等，這套懷石料理，又被稱為「德川慶喜的午餐」。至於晚餐，有 6 種不同的懷石套餐，價格 9,200 ～ 28,750 日幣不等，一共 10 道菜，包括烤魚蛋、烤蝦、生魚片、炸物、醋漬物、炒豆，以及靜岡產的水果做成的獨特甜點等。當然，菜色會隨著季節不同有所調整，不過其中最有意思的是，這間浮月樓料亭有「喇酒師」隨侍在旁，穿著筆挺西裝，會根據每道菜的口味，送上一杯最搭配的酒，讓你一口美食、一口醇酒，用最細膩的各種調配，讓晚餐更有滋味。有專業選酒師傅的伺候，這一餐就讓自己當個江戶時代的將軍貴族，好好享受一番吧！

浮月樓
地址：靜岡縣靜岡市葵區紺屋町 11-1
電話：054-252-0131
交通：JR 靜岡站北口出來後，直走步行約 3 分鐘可達。
營業時間：午餐 11:00 ～ 13:30、晚餐 17:00 ～ 21:00。每週一不營業，遇上國定假日或補假日，
　　　　　則是只限午餐時段營業。

49

# 大胃王小碗麵

• 岩手縣
盛岡市

岩手縣最有名的小碗麵

說到日本電視冠軍大胃王狂吃美食的功力，幾乎無人能比，聽聞日本岩手縣有位號稱魔女的大胃王「菅原初代」，40 幾歲出道比賽，曾經拿下三屆日本大胃王電視冠軍，不管是比吃得多還是吃得快，菅原的胃好比無底洞，無人能及。來到魔女菅原的故鄉岩手縣，我們決定聯絡這位大胃王，讓她帶著我們去享用電視冠軍大胃王推薦的在地美食。

初次見面，菅原瘦小的身材讓人好奇，眼前這位看來弱不禁風的日本大姐，真的是傳說中的大胃王嗎？菅原笑著迎接我們，帶我們來到一家外觀很有日本傳統風味的麵店。獨棟的麵店名叫「東家小碗麵」，據說是明治四十年創業，歷經五代傳承，現在共有四家店（分別是本店、別館、大手先店和站前店），是岩手縣最有名的小碗麵店。我們跟著菅原走上二樓先預約好的包廂，榻榻米的包廂裡放著長桌，桌子後方放滿了層層疊疊數不清的托盤，仔細一看，托盤上擺滿日式紅黑相間的漆器小碗。老闆說，已經準備好了上千碗的小碗麵，迎接大胃王。

上千碗的小碗麵疊放在一起，眼前的光景相當震撼，老闆首先開始說明小碗麵的吃法。小碗麵的碗，比手掌還小，裡面只裝一口的量，吃的時候，店家會先準備好非常多麵條，由服務人員站在客人旁邊伺候，客人碗中的麵一吃完，就會立刻從上方把新的麵條加入碗中，還會同時發出「はい、じゃんじゃん」（嗨、將將）的擬聲詞。傳統上，只要客人沒有把碗蓋起來，服務人員就會持續加入新的麵條，客

● 1 小碗麵的吉祥物玩偶　2 電視冠軍大胃王，魔女菅原初代　3 每碗的麵條，都剛好是一口的分量
4 聽到大胃王要來挑戰，店家準備好上千碗麵運進包廂裡

人如果吃飽了，得看準時間，一吃完立刻把碗蓋起來，如果動作慢了一秒來不及在
服務人員加入新麵條前把蓋子蓋上，就得再把碗裡的麵條吃完。這樣的吃法，也成
為客人和服務人員之間的一種遊戲和樂趣。由於小碗麵吃法的趣味性，岩手縣後來
每年舉辦小碗麵大胃王競賽，其中大胃王魔女「菅原初代」參加電視冠軍小碗麵挑
戰賽時，在 10 分鐘內吃掉了 399 碗麵！

　　我們決定挑戰大胃王！菅原讓步說，我們 3 個人一組，跟她對戰，限時 5 分鐘，
看是大胃王菅原吃得多，還是我們能有機會挑戰成功。我們 3 人和菅原並排坐在長
桌前，每個人後面的服務人員也都準備好，老闆「嗶」一聲吹哨宣布開始，我們拚
命吃，服務人員手腳也很快，不敢停下來，過沒多久老闆就宣布只剩 2 分鐘，轉頭
看看大胃王臉不紅氣不喘，側著身算好角度讓服務生更順暢地把麵條加進碗裡，果
真是精通大胃王比賽訣竅的魔女！我們加快速度，卻開始流汗喘氣，倒數計時，5、4、
3、2、1，時間到！放下筷子不准再吃，老闆帶著服務人員開始計算每個人吃了多少

● 1 數也數不清的小碗麵　2 小碗疊起來數量可觀　3 每個小碗都裝好麵條，讓客人不間斷一直吃
　　4 店長與大胃王手拿牌子，只要挑戰吃完 100 碗麵就能獲得店家認證的木牌

碗，我們 3 人吃完的碗堆起來像座小山一樣，計算結果，3 個人總共吃了 118 碗！真是破了我平常的食量紀錄！接下來算算大胃王吃了多少碗，看著服務人員一堆一堆數，沒想到大胃王一個人 5 分鐘內吃下 193 碗！我們甘拜下風，輸得心服口服。

　　老闆說，小碗麵的由來很有趣，古早時，岩手縣山中村落裡，每逢豐收和婚喪喜慶，村人會聚集在地主家裡舉辦宴會，結束時一定要吃蕎麥麵作為收尾，但再怎麼大的鍋子，再怎麼煮，一次頂多也只能煮出十人份的麵條，為了不讓客人等太久，於是想出了辦法，把麵條裝在小碗裡，一次只裝一口的量，吃完再加，同時利用這段時間繼續煮麵條。地主藉著不斷提供食物讓大家吃飽，向村民表達謝意；接受招待的村民也盡量吃到飽，表示對主人的答謝。這樣的風俗流傳至今，就變成了小碗麵，或者被稱為一口碗麵。

　　「東家小碗麵」有各種不同的蕎麥麵菜單，最受歡迎的就是我們選的吃到飽套餐，一個人 3,240 日幣，可以搭配共 9 種醬料或香料，吃完一碗再換一碗，把空了的

旁邊的服務人員手沒停過，不斷把新的麵倒進碗裡　　　　令人瞠目結舌的大胃王速度

小碗堆疊在旁邊，最後計算總共吃了幾碗，如果挑戰吃完 100 碗麵，店家就會贈送客人一塊「證明手形」小木板，上面會寫上客人的名字和總共吃了幾碗，給客人帶回去作紀念。除了蕎麥麵之外，套餐裡還包括鮪魚生魚片和醃漬的小菜等。當然，如果吃不了太多的客人，也可以選擇其他定量的套餐，或者單點蕎麥麵和其他料理，店裡除了麵之外，也提供丼飯和日本酒等各種選擇。最便宜的蕎麥麵 580 日幣，套餐則是 1,728 ～ 3,780 日幣不等。

53

**I N F O**

**東家小碗麵　本店（東家本店　わんこそば）**
地址：岩手縣盛岡市中ノ橋通一丁目 8-3
電話：019-622-2252
交通：從 JR 盛岡站搭乘岩手縣交通巴士，到「盛岡巴士中心」站，再沿著招牌指示步行約 3
　　　分鐘可達。
營業時間：11:00 ～ 20:00。12 月 30 日到 1 月 1 日公休。

**東家小碗麵　站前店**
地址：岩手縣盛岡市盛岡驛前通 8-11
電話：019-622-2233
交通：從 JR 盛岡站沿著招牌指示步行約 2 分鐘可達。
營業時間：11:00 ～ 20:00。全年無休。

# 地獄拉麵

地獄拉麵一端上桌，嗆辣的味道已讓人受不了，刺激得要流眼淚

●岩手縣
瀧澤市

54

你喜歡吃拉麵又敢吃辣嗎？這裡要介紹日本最辣的地獄拉麵，傳聞吃完這碗地獄拉麵，會讓你辣到冒汗、辣到流淚、辣到舌頭發麻說不出話來。麵店老闆說，最辣程度的拉麵，甚至可能讓人昏迷不醒好幾天！

拉麵，是日本的庶民美食，更是很多臺灣遊客的最愛。除了知名的豚骨、奶油、味噌等口味之外，在日本東北的岩手縣，有一家非常特別的拉麵店，專賣不同辣度的拉麵。這間名為「藍亭」的麵店，被當地民眾暱稱「地獄拉麵店」，拉麵從小辣、炸彈辣、核爆辣，到地獄辣等，分成 7 種不同辣度，麵如其名，若要品嘗滋味猶如挑戰十八層地獄，保證讓客人吃得過癮，永生難忘。

小小的拉麵店，位於岩手縣岩手郡的瀧澤市（滝沢市），外觀看起來很普通，藍色的屋頂，門口掛著大紅暖簾，簡單幾個字寫著「拉麵的店」。走進麵店，裝潢就如日本常見的小食堂，幾張桌椅加上中間橢圓形的吧檯用餐區，總共 21 個座位。抬頭一看，發現牆上貼著一大張鮮黃色的海報紙，上面用不同顏色手寫著「激辛 ラーメン表」（超辣 拉麵表），表格上有著不同辣度的拉麵名稱與吃下去的各種「後遺症」，老闆的獨特風格讓人看了會心一笑。仔細看，辣度分成：

1「輕微小辣」，吃下去的感覺是小辣，讓你輕鬆品嘗辣味拉麵。

2「火藥辣」，吃下去感覺口中燃燒，辣味好吃到冒汗。

3「炸彈辣」，吃下去後會熱汗直流，連耳朵也發紅。

● 1 小小的拉麵店因為地獄拉麵成名　2 辣度分類表寫著多少辣度會有什麼後遺症和價格　3 光用看的就很有震撼力
4 加入大量辣粉的湯汁

4「核爆辣」，辣到就像核彈爆炸一樣，吃下去會讓腸胃也嚇一跳。

5「氫彈爆炸辣」，吃下去會辣到讓你頭部火辣發疼，連宿醉的人都能瞬間清醒。

6「地獄辣」，吃下去後會全身顫抖，3 天內身體可能都處於危險狀態。

7「地獄五丁目」，最辣等級，辣度猶如走進了地獄第五層一樣恐怖刺激，是一般辣味的十倍。

一碗 890 日幣的「地獄五丁目」拉麵，只要能在 20 分鐘內吃完（老闆附加說明，吃完的意思是，連湯汁都要喝光），這碗拉麵就不用錢，只需捐 100 日幣幫助 311 地震重建，而且還會把你的名字及吃麵的感想寫在紙上，貼於店裡的牆面展示。

初次造訪，點了一碗傳說中的「地獄五丁目」拉麵，坐在吧檯區很緊張，等了一下子，麵就上桌了，冒著熱氣的拉麵整碗都是火辣的紅色，麵上放了幾絲綠蔥與白蔥，豚骨湯汁配上青菜與豆芽，香氣四溢。先用湯匙試試看，撈起的湯汁裡看到的紅色粉末，想必是加入了大量的辣椒粉，喝一口湯汁，濃郁但不膩，沒幾秒就感

● 1 看看這鍋辣湯　2 店裡用的辣椒粉　3 很多客人遠道來挑戰最辣地獄拉麵　4 挑戰成功的客人寫下感想貼於牆上

受到從喉嚨順著食道至胃都開始發燙，接下來吃麵，麵條和一般拉麵差不多，口感較軟，多吃幾口後嘴脣和舌頭開始發麻，外面是下雪天，卻吃得冒汗、流眼淚，真是名不虛傳的「地獄五丁目」。不到 3 分鐘，已經讓人辣到受不了，只好轉而向朋友求助，終於兩個人在 20 分鐘內吃完，挑戰成功。雖說辣到無法形容，但吃完身體卻有種運動過後的舒適感。問了老闆才知道，原來除了菜單上面寫的 7 種辣度之外，還有私房辣麵，能吃辣的人，可以向老闆特別指定菜單上沒有的「地獄六丁目至十五丁目」拉麵，這最高級辣度的「地獄十五丁目」拉麵，到底有多辣？遊客不妨親身體驗看看。

　　當初之所以會發明地獄辣拉麵，老闆笑著解釋，是因為岩手縣天氣冷，冰天雪地的日子特別長，所以希望客人吃辣禦寒，沒想到意外吸引很多其他縣市的日本饕客前來挑戰吃辣，也讓小店雖小卻常大排長龍。其實店裡除了辣拉麵之外，還有一般口味的拉麵，以及炒飯、燴飯、煎餃等多項選擇，其中「湯豆腐拉麵」可是老闆精心製作，要在半夜先用豬骨熬煮高湯，到了凌晨 4 點又得用昆布和干貝熬煮另一

● 1 吃完後，麵碗還留著辣椒粉末　2 老闆依照客人喜好煮麵　3 加入大量辣椒粉

鍋湯，熬到早上 10 點半，再把兩鍋湯混合繼續熬煮，這才算完成了拉麵的湯頭，用較細的麵條加入湯汁煮好後，加入滿滿的白菜與豆腐，甘甜的白菜襯上香濃的豆腐，讓拉麵的口感更飽滿。

**藍亭拉麵**

地址：岩手縣岩手郡滝沢市黒沢 59-26

交通：搭乘岩手銀河鐵道線，在「青山」站下車，再搭巴士或計程車往「鬼越蒼前神社」，拉麵店就在神社旁。

營業時間：11:00 ～ 15:00、17:00 ～ 20:00。週一、週二公休。

# 檸檬拉麵 +
# 雞排拉麵

● 東京

店面小小的很可愛

　　東京有家號稱日本最奇妙的拉麵店，店家推出了各種令人匪夷所思的拉麵，包括檸檬拉麵、雞排拉麵、韭菜拉麵等，光聽名稱就讓人好奇的拉麵店，老闆也很有個性，經營拉麵店最大的樂趣就是開發各種創意拉麵，供客人品嚐。

　　拉麵店名叫「りんすず食堂」，就位於地鐵站出口附近的大馬路邊，很容易找。我們先點了一碗店裡最受歡迎的「檸檬拉麵」，湯頭是以雞肉和鰹魚為底，加上醬油熬煮而成，屬於濃厚口味的拉麵湯頭，麵條則是比較細的麵。老闆把整顆檸檬切片，整碗麵鋪滿了檸檬片，端上來讓人很驚訝，視覺效果十足。檸檬配上拉麵，到底是什麼味道？先喝一口湯，濃郁的湯頭因加入檸檬汁調味，變得非常清爽，很有開胃的效果。麵條咬起來有嚼勁，老闆說，有人會一口麵條、一口檸檬片搭配著吃，感覺像是吃飯配菜，也是一種獨特的吃法。

　　老闆提醒，吃檸檬拉麵得注意時間，如果喜歡酸一點，就把檸檬片放到最後吃；如果喜歡溫和的口味，建議吃到一半就把檸檬片撈起放在旁邊，避免讓湯頭口味變得比較酸澀。如果喜歡口味重一點的人，建議先品嚐檸檬拉麵的原味，再加上少許辣椒粉和大蒜，會讓整碗麵的滋味更豐富。老闆補充，夏天吃檸檬拉麵能消暑，冬天吃則整顆檸檬的維他命 C 也能預防感冒，好吃又健康。要是吃不夠，還能加點一顆檸檬，讓老闆幫忙切片，依照自己的喜好放入麵裡，或者當作配菜。

　　店裡另一道人氣料理是「雞排拉麵」。用大骨燉煮熬製的湯頭，配上一大片特

鋪滿檸檬片的拉麵

外皮炸得酥脆的雞排

製醬料醃的炸雞排，常常讓很多人在店外大排長龍，就是要吃到雞排拉麵。屬於重口味的雞排，是老闆嚴選的雞肉，先放在特製的醬汁裡醃漬入味，再裹上日本炸物粉，放進油鍋炸，這過程可是得耐心等待，因為老闆的訣竅就是，把雞排分兩次油炸，第一次先將雞排炸到半熟，然後瀝油，再利用這個時間來煮麵條，之後再將雞排放進油鍋裡炸第二次，炸到金黃酥脆才上桌。香脆的雞排放在拉麵上，肉汁自然流入麵條和湯裡，形成非常濃厚的口感。雞排的外皮相當酥脆，雞肉鮮嫩多汁，有人喜歡一口雞排、一口麵條，也有些客人喜歡把雞排泡進拉麵的湯汁裡，讓整片雞排吸飽湯汁再來享用。老闆說，不少客人喜歡點一道檸檬拉麵，再單點一片炸雞排當配菜；也很推薦雞排配上冰啤酒，保證回味無窮。另外，店裡的韭菜拉麵也很受歡迎，整碗麵撒滿切成碎末的韭菜，是不少客人的最愛。

　　小小的拉麵店位於東京的江東區大島，雖說和市中心有點距離，四周也不是觀光地，不過創意十足的美味拉麵，常吸引遠道而來的饕客造訪。店裡裝潢樸素乾淨，吧檯區可以坐 10 個人，一般桌椅區可以坐 4 個人。店老闆很喜歡一邊料理、一邊和客人聊天，非常親切。如果語言不通也沒關係，店裡放了一臺自動投幣點餐機，只要看照片和價錢，決定後投幣拿票給老闆就可以。檸檬拉麵一碗 650 日幣；雞排拉麵 750 日幣；如果加點檸檬 150 日幣；單點雞排則是 200 日幣。

りんすず食堂
地址：東京都江東區大島 5-7-3 成毛大樓 1F
電話：090-8845-2248
交通：搭乘都營新宿線，在「大島」站下車，從 A1 出口步行約 2 分鐘可達。
營業時間：11:30 ～ 21:00

# 牛排拉麵

位於商店街裡的牛排拉麵店

●東京

　　拉麵和牛排一起吃，會是什麼感覺？東京有間拉麵店，老闆突發奇想，把頂級牛排和拉麵結合，料理出獨特的牛排拉麵，號稱高檔料理和平民菜色的完美搭配。

　　拉麵店名叫「らあめんHAJIME」，位於東京北區的商店街裡面，空間不算太大，吧檯區和座位區總共可容納約18人，走進去左手邊就是一臺點餐投幣機，來到這裡，當然要嘗試傳說中的牛排拉麵，於是我按了「牛排鹽拉麵」，機器吐出一張票，把票交給店員，選定吧檯的位置坐下來等，從吧檯區可以看到廚房裡面廚師在煮麵料理的樣子。看著廚師動作俐落，先把準備好的牛排放到鐵板上煎烤，同時開始煮麵條，等到牛排六、七分熟，接著將麵條放進獨家祕方燉煮的牛肉湯裡，最後再放上牛排和配料，料理就完成了。

　　店員端上來，一大碗看起來分量不小，牛排下面還放了一塊叉燒肉，旁邊配上筍子和半熟的溏心蛋，果然是大手筆的豪華食材。整碗拉麵熱騰騰冒著煙，充滿濃濃的牛肉香味，先喝一口湯，有點類似牛肉麵的湯汁，濃厚卻不油膩，再嘗一口麵，寬扁的麵條偏軟，一口吸進去也很順口。接下來要嘗嘗牛排，店員遞上小碟子，要我沾碟子裡的蒜味醬油配著吃，咬一口，就跟牛排店的肉質沒有兩樣，只是再配上一口拉麵，麵條和牛肉綜合的口感非常特別，沒想到高級料理和拉麵竟然這麼合拍。

　　牛排的肉汁流入湯裡，讓湯底越喝越濃郁，老闆說，選用牛骨高溫燉煮成湯，刻意讓湯汁較為清淡，就是為了配合牛排的肉汁，讓整碗麵的口味前中後有不同的

 1 店內裝潢與一般拉麵店不同
2 招牌牛排拉麵
3 得獎的拉麵,製成杯麵推出

變化。牛排拉麵有兩種口味,鹽和醬油,滋味各有不同,都很受歡迎。喜歡喝湯的客人,也可以單點「牛鹽拉麵」,一碗 900 日幣,沒有附牛排,就是簡單的麵條和牛骨湯,吃起來也很有滿足感。店裡還推薦「雞湯拉麵」,廚師用雞肉和雞骨熬成濃濃的雞湯底,再加入麵條、雞肉、溏心蛋,口味香甜,營養滿分。當然,也有人點了雞肉拉麵,再另外單點牛排當作配菜,一塊牛排 300 日幣,可以讓人吃得很有飽足感。用料大方的麵店老闆,也曾經被指名上電視節目,現場煮出豪華的牛排拉麵,讓明星們品嘗。拉麵店另外還推出了「速食拉麵」,把店裡的招牌拉麵做成杯麵,讓客人可以買回家,加入熱水泡 3 分鐘,立即輕鬆享用美味。

INFO

らあめん HAJIME
地址:東京都北區上十条 2 丁目 30-9
電話:03-6314-3227
交通:搭乘 JR 埼京線,在「十條」站下車,往商店街裡步行約 100 公尺左右。
營業時間:週一至週五 11:30 ~ 15:00、18:00 ~ 22:30,週六、週日或假日 11:30 ~ 15:00、
18:00 ~ 20:00。全年無休。

# 巨無霸拉麵

● 東京

位於新橋車站附近的分店很好找

　　俗又大碗的拉麵哪裡找？這裡要為大家介紹的是一家連鎖拉麵店「拉麵大」。雖說是普通的拉麵店，但老闆豪氣的做法，把拉麵變成超大碗的巨無霸拉麵，讓這家店被日本人推為最划算的 B 級庶民美食。

　　「拉麵大」有好幾家分店，這次介紹的分店，位於東京都港區日本電視臺（ NTV ）附近，店的外觀和一般拉麵店沒什麼兩樣，店內空間也不算大，廚房在中間，吧檯的位置是客人座位，大約可坐 10 個人左右。中午及晚上用餐時間店裡常常爆滿，得在外面排隊候位。主要的菜單就是拉麵，另外還有小碗白飯配上生蛋和醬油的傳統家庭料理。

　　「拉麵大」最獨特之處就是吃拉麵的方法，點餐時首先要告訴廚師，蔬菜的分量要多少，油脂要多少，味道要濃郁還是清淡，在店裡可以不限次數加到飽的，包括蔬菜、豬油和大蒜末。光是蔬菜加到飽就讓人很驚訝，分成「普通」、「多」、「很多」、「無敵多」這四種。好奇點了第四種「無敵多」，端上來的麵把我嚇一跳！整碗麵上鋪滿了豆芽菜，多到比麵碗本身還大還高，像一座豆芽菜小山，不小心碰到就彷彿山崩一樣！至於湯裡要多少油，也可以自由選擇，喜歡清淡一點的，或者濃稠一點的，都可以請廚師調整。接下來就是大蒜，有人喜歡刺激一點的口味，會請廚師加很多蒜末，不過大蒜留下的味道可是會持續到第二天都散不去。

　　總之，「拉麵大」的料理正如其名，什麼都是加大的，連麵條都比一般拉麵來

店內裝潢簡單，只有吧檯區

煮好後怎麼裝進碗裡才是重點

得粗，店家說，麵條是公司自營的製麵廠所生產，刻意製作得比較粗，吃起來的確稍微硬一點，但有嚼勁，湯汁則是比較濃郁，裡面還有筍乾、豬肉片和溏心蛋。濃稠的湯汁配上粗麵條，綜合了油和澱粉兩種滋味，吃起來很有飽足感。吃到一半如果覺得還想再加點料，可以要求免費添加豆芽菜，讓後半段的口感變得清爽。

廚師端上桌，果然有巨無霸拉麵的氣勢

　　一整碗拉麵下肚後，如果還是吃不夠，可以另外加點白飯，小碗白飯熱騰騰冒著煙，打上一個生蛋，再淋入店家附的醬油和辣醬，適當攪拌後，就變成一碗便宜好吃的蛋拌飯，只要 150 塊日幣，大約 30 幾塊臺幣。如果不想要吃湯麵，也可以選擇乾的油麵，裡面加的料和拉麵差不多，麵條是用黃色的油，再撒上大量蔥花做成，一碗 850 日幣。至於可以加到飽的拉麵，中碗 680 日幣。店裡是用自動賣票機的方式消費，進去後在入口處先投錢，按下想要吃的料理，再把券拿給店員即可。用餐時間人多，晚上 10 點左右的消夜時間也有不少客人，建議避開用餐擁擠時段前往。

**拉麵大　汐留店**
地址：東京都港區東新橋 1-2-11 三陸大廈 1 樓
交通：搭乘 JR 山手線，在「新橋」站下車，往日本電視臺方向走，過了一個最大的馬路後右轉，第一個巷口再左轉即達，步行約 5 分鐘。
營業時間：11:30 ~ 01:00。全年無休。

# 水果拉麵

● 岩手縣
　盛岡市

依照季節轉換，在麵裡加入不同水果

　　你吃過水果冰塊麵嗎？日本東北地區最有名的美食之一「盛岡冷麵」，不但在麵裡加冰塊，還加上香甜的水果，顛覆日本麵的傳統，奇妙的組合讓盛岡冷麵成了當地的招牌美食，吸引不少饕客造訪。

　　當地人介紹，最有名的盛岡冷麵店，叫做「ぴょんぴょん舍」，在岩手縣有多家分店，其中交通較方便的是站前店（駅前店），店面是一棟三層樓的建築，室內燈光溫暖明亮，一、二樓供一般客人使用，三樓供團體客當包廂使用。店裡菜單選項不少，我們決定先點一碗招牌水果冷麵嘗鮮。沒多久服務生就端上一大碗水果麵上桌，呈現半透明的麵條上擺放著西瓜和配料，幾顆冰塊浮在湯裡，看起來清澈如水，卻飄著一股大骨熬製的香味。老闆說，盛岡冷麵是由麵職人「青木輝人」於昭和二十九年開店時所研發。創作理念結合了朝鮮半島的咸興冷麵和平壤冷麵的風格，用牛骨和雞肋骨熬燉成湯底，口感濃郁鮮甜。店家熬煮湯汁時，會重複多次瀝掉湯裡的脂肪，讓湯汁更健康，強調客人可以不用擔心身材發福，把湯汁喝光光。

　　水果冷麵的麵條，是用小麥和馬鈴薯澱粉取代蕎麥粉揉製而成，煮好後立刻放進冰塊裡，讓麵條瞬間冷卻，這種麵條外表看起來呈現半透明狀，吃起來比一般麵條有嚼勁、也較硬，但入口相當滑順。廚師在料理時得把湯放涼後加入麵條，再放上酸酸辣辣的泡菜、叉燒肉片、水煮蛋、小黃瓜，最後還要加上西瓜或水梨等當季水果，就完成一碗在夏天尤其開胃的盛岡冷麵。建議可以先喝一口湯頭，咬一口泡

加入西瓜的水果冷麵　　　　　　　　　　攪拌泡菜後麵條更開胃

菜，再配上麵條，之後再來一口水果，綜合酸甜辣的味覺，口感多層豐富。

　　發明冷麵的廚師，在昭和六十一年參加了盛岡市舉辦的「日本麵高峰會」活動，他的冷麵在高峰會上成了大家矚目的焦點，一夕成名，從此冷麵就被稱為「盛岡冷麵」，而舉辦日本麵高峰會的日子 10 月 17 日，也被定為「盛岡冷麵日」。

　　店裡除了招牌盛岡冷麵之外，燒肉和石鍋拌飯也非常有名，建議可以一起品嘗。「冷麵燒肉套餐」一客 1,600 日幣，可以同時吃到盛岡冷麵和一份綜合燒肉。另外，店裡還有冷麵加上石鍋拌飯套餐，以及各種冷麵單點或燒肉套餐，價錢 1,000 ～ 3,000 日幣不等。此外，店裡的各種湯品也很受歡迎，其中一客 580 日幣的「雪濃湯」是用牛骨長時間熬煮，含有大量膠原蛋白，被稱為魔法湯。餐後不妨再加點一道甜品，推薦店裡熱賣的「亞洲甜蜜」（アジアンあんみつ），用陳年桂花酒做成果凍當底，中間一球冰淇淋配上黑糖寒天和少許蜂蜜，讓人回味無窮。如果在店裡吃不過癮，還能購買冷麵外帶包，一包兩份 702 日幣，裡面有麵條和湯頭食材，在家也能輕鬆享用。

**INFO**

盛岡冷麵　站前店（ぴょんぴょん舍）
地址：岩手縣盛岡市盛岡駅前通 9-3
電話：019-606-1067
交通：從 JR 盛岡車站南口出去後，直走步行約 2 分鐘可達。
營業時間：11:00 ～ 24:00
座位：共 250 席座位，10 個包廂。

# 白龍炸醬麵

小小的餐廳前經常大排長龍

● 岩手縣
盛岡市

　　說到炸醬麵，很多人的第一印象是來自中國的傳統麵食，但其實日本也有炸醬麵，號稱日本東北盛岡三大麵的日式炸醬麵，其實是日本師傅當年在中國東北滿州國的時代，從中國東北帶回技術，在日本改良後流傳至今。據說盛岡最有名的日本炸醬麵還有個很氣派的名字，叫做「白龍炸醬麵」。

　　白龍本店是岩手縣的炸醬麵始祖店，雖然店面很小、不起眼，外觀也看來有點老舊，不過在地饕客們卻對白龍的炸醬麵讚不絕口。店門口掛著「暖簾」，很有古早日式風，我們跟著人群排隊，等了半小時終於進到店裡，立刻點了一碗招牌白龍炸醬麵。日本東北的炸醬麵，麵條是用粗的烏龍麵，煮好後撈起麵條，再加上切絲的黃瓜和祖傳味噌、辣油、大蒜、醋，稍微攪拌後即可上桌。有彈性的麵條配上甜甜的味噌，再加上一點點小辣提味，吃了一口就停不下來，果然如傳說中的美味。白龍本店的炸醬麵味道 50 年不變，每到午餐和晚餐，很早就有人上門排隊，小小的店裡有桌子，也有吧檯區，坐在吧檯區可以一邊欣賞廚房裡廚師煮麵的樣子、一邊和老闆或伙計聊天。

　　炸醬麵有大、中、小三種選擇，店裡除了炸醬麵之外，餃子也很有名，另外，每張桌子上會擺一碗生雞蛋，這是讓客人在吃完麵後，自己把蛋打到碗裡，再請店家加上熱湯和味噌，攪拌一下撒上蔥花，就成了一碗帶有炸醬口味的蛋花湯。大碗的炸醬麵一碗 650 日幣，中碗 550 日幣，小碗的只要 450 日幣。如果吃不飽，還可

簡單樸實的炸醬麵，雖然藏身在小巷內，卻常大排長龍，很受饕客歡迎

小店裡貼著不少名人簽名

吃完麵後，在碗裡打蛋，再請店家加入熱水，就成了一碗帶有炸醬味的蛋花湯

以加上一份 450 日幣的水餃，配上 50 日幣的蛋花湯，就很有飽足感。店裡的菜單很簡單，就是炸醬麵、水餃、湯，另外還有啤酒和日本酒可以搭配。菜單上還寫著吃炸醬麵和蛋花湯的方法，供客人參考。

　　白龍本店位於岩手公園旁的小巷子裡，外面掛著一塊紅白相間舊舊的招牌，寫著「白龍炸醬麵」，店裡很小，最多只能容納 21 個人，每到用餐時間就擠得滿滿，如果一個人前往，可能要和別人併桌用餐，桌椅裝潢都有點斑駁老舊，但老店的傳統風味每天仍吸引很多人排隊，店裡牆上也貼滿明星藝人的簽名，被日本饕客列為一定要吃的朝聖麵店。

67

白龍本店

地址：岩手縣盛岡市內丸 5-15
電話：019-624-2247
交通：從 JR 盛岡站搭乘岩手縣交通巴士，約 9 分鐘左右會抵達「縣廳市役所前」站，下車後步行約 2 分鐘就可以看到白龍本店，位在櫻山神社旁。如果搭乘計程車前往，只需要跟司機說「白龍」，就能順利被載到目的地。
營業時間：週一至週六 09:00 ~ 21:00，週日 11:30 ~ 18:45。

# 吃鱉料理

● 岩手縣
西和賀町

皮和肉一起吃，體驗溫泉鱉肉的口感

「吃了鱉料理，就絕對不會吃憋。」這是日本岩手湯本溫泉流傳的一句玩笑話。位於奧羽山脈中的湯本溫泉，四季景色分明，寧靜天然，而最特別的是，這裡的溫泉旅館推出「吃鱉」料理，強調吃了不但不會吃憋，還能美容護膚，增強體力。

湯本溫泉被群山圍繞，自然風景宜人，四處聽得到鳥叫蟲鳴，充滿慢活恬靜的氣氛。溫泉旅館位於山腰上，屬於古早日式的溫泉旅館，共有 35 個房間，都是寬敞的和室，每間屋子的裝潢都有些許不同，最多可容納 5 個人，適合朋友或家族旅行。這裡的溫泉分為「飛龍之湯」、「彩雲之湯」、「露天溫泉」，百分之百的純天然泉，不添加任何自來水，據說對於肩膀肌肉痛和消化皮膚疾病等有舒緩效果。而這裡的溫泉水除了供一般遊客使用之外，還有一池是專門用來養鱉！老闆娘說，這可是溫泉旅館料理的祕密武器。

溫泉旅館按照時節推出四季不同的料理，春天以新鮮山菜為主，夏天是鯰魚和岩魚等魚肉套餐，秋天有松茸大餐，冬天則是豬肉鍋等較為濃厚暖身的料理。其中，最特別也最珍貴的料理，是溫泉老闆娘相當自豪的「鱉料理」。據說吃下去後，豐富的膠質能讓皮膚滑嫩有彈性，還能解毒養肝、減緩皮膚疾病、促進血液循環，增強精力。鱉料理主要是煮成鍋，看到一盤盤的鱉肉上桌，說實話一開始會有點怕怕的，先取一片鱉肉涮一下，第一口不沾醬，鱉肉入口如同高級雞肉一樣，肉質相當纖細。接下來嘗試鱉腳和皮，沒想到口感軟嫩令人驚訝，再喝一口加滿鱉肉的湯頭，

吃鱉套餐，分量不少

鱉蛋奶油焗烤，用鱉殼當作盤子

鮮美濃郁又帶著一絲清甜，讓人一口接一口停不了。老闆娘說，這裡的鱉全都飼養在溫泉，身體吸收了溫泉的精華，讓鱉肉充滿養分，就連骨頭也嫩得像魚肉一樣，放入嘴裡就瞬間化開，留下滿口香氛。

　　若要指定鱉鍋料理加上住宿，預訂溫泉旅館房間兩個晚上包含兩餐，一個人要價 17,280 ～ 20,520 日幣。不過附近商店很早就打烊了，建議住宿的遊客如果晚上習慣吃零食，最好事先買好帶上山。

黃澄澄的鱉蛋，營養十足

湯田溫泉峽　岩手湯本溫泉　對瀧閣（ホテル対滝閣）
地址：岩手縣和賀郡西和賀町湯本 29-79
電話：0197-84-2221
交通：搭乘 JR 北上線，在「ほっとゆだ」站下車，再搭乘岩手縣交通巴士，到「湯本溫泉」
　　　站下車，步行約 3 分鐘可達。

# 馬肉上桌

● 青森縣
八戶市

馬肉餐廳可愛的老闆娘與服務生

70

　　你有吃過「櫻花肉」嗎？日本人把馬肉稱為櫻花肉，日本青森縣以馬肉料理著名，發展出各種櫻花肉料理，當地人說，天寒地凍的青森縣飼育的馬特別壯，專門作為食用的馬，肉質緊實有彈性，低熱量、低脂肪、高蛋白質，內含的鈣質和鐵質是雞肉和豬肉的十倍左右，號稱能夠美容養顏，具回春的作用。

　　造訪青森縣，尋找必吃料理，當地人介紹了一間位在「八戶屋台村みろく橫丁」裡的小店，這個屋台村裡聚集了許多小店，入口處形狀類似一個神社鳥居，到處掛著大紅燈籠，很有古早風味。全長 80 公尺的長條形區域裡，每家店都是幾坪大的迷你餐廳，通常就只有吧檯幾個座位，客人邊吃邊跟老闆或鄰座的人聊天，有拉麵店、也有燒鳥店，當然還有青森著名的馬肉料理店。這次當地人介紹的是一間叫做「台所ねね」的店，由一對年輕姐妹花經營，類似小居酒屋，提供各式馬肉料理和不同種類的酒。我們造訪當天下著大雪，零下的氣溫中，小店裡坐滿人，開門進去，姐妹花老闆娘熱情大聲招呼，先給每人遞上一件厚得像棉被的外衣，讓客人穿上保暖，旁邊的客人也笑著向我們打招呼問好。看看菜單，店雖小料理可不少，光是馬肉料理就有十幾種不同種類，老闆娘先倒上一杯白濁如稀釋牛奶般的飲料，請我們品嘗，這是當地的甜酒，一陣嗆辣滑入，從喉嚨到胃都瞬間熱了起來，隔壁座位的日本歐吉桑對我們乾杯，真不愧是東北人的豪邁氣魄。

　　接下來要品嘗所謂櫻花肉的滋味，第一道是生馬肉片，與生魚片的吃法類似，

● 1 在小店裡用餐，連不認識的人都能自然聊天，輕鬆舒適　2 小店不僅提供美食，也是當地民眾聊天交流的場所
　3 仙貝加入鍋裡煮，變軟的口感很特別　4 馬肉生吃，配上日本東北特色乳白酒，微微辛辣的口感令人難忘

配上醬油和哇沙米，肉的顏色果真就像櫻花一樣粉嫩，口感比牛豬來得紮實，油脂很少。第二道上來的是馬肉火腿片沙拉，青翠生菜配上燻製馬肉片，再來一口東北烈酒，開胃沁脾。老闆娘端上第三道馬肉料理，用洋蔥墊底的馬肉塊，稍微煮熟後以火直接把表面烤得酥脆微焦，不沾醬料也挺好吃。之後主菜馬肉鍋上桌，小小的鍋子裡擺滿了提味的蔬菜和豆腐，馬肉稍微涮煮即可入口，肉汁鮮甜得沒話說，這時再來一口嗆辣的熱燗日本酒，在皚皚白雪中，望著窗外的飄雪和紅燈籠，一股微醺的感覺多了幾分詩意。

　馬肉吃完，老闆娘拿出一塊圓圓的仙貝，吃法不像臺灣是直接當餅乾咬，這裡的仙貝是用來煮湯，只見老闆娘把仙貝用手掰成一小塊一小塊放入鍋中，煮一會兒就變得像麵糊一樣，吃起來很順口。老闆娘說，東北的仙貝是用來煮的，所以本身味道比較淡，放進鍋中煮過吸取湯汁，味道就會剛剛好。而除了馬肉鍋之外，主菜還有櫻花肉陶板燒，這是用陶板烤馬肉，要吃幾分熟可以自己控制，或者，也可以

● 1 外皮為荷包蛋的馬肉漢堡　2 馬肉脂肪少，肉質緊實　3 馬肉鍋裡有肉有菜，小小一鍋很有飽足感
4 單點的海膽炒飯很受歡迎

點櫻花肉漢堡來嘗鮮。用馬肉製作的漢堡肉，外表看起來跟一般漢堡肉差不多，配上麵包和洋蔥、黃瓜等配料及醬汁，味道很不錯，肉的分量雖多卻不油不膩，這道料理建議可以搭配冰啤酒一起品嘗，保證吃得過癮。

　　如果想多點飽足感，可以加點馬肉飯糰，海苔包著馬肉，再加上少許紫蘇和海鹽，清爽又沒有負擔。當然，店裡還有很多雞肉、豬肉等其他料理，更有許多下酒菜，如串燒、炸雞軟骨、炸起司等，或者可以單點烏龍麵、炒蕎麥麵或仙貝鍋，都是不錯的選擇。食物加上酒一個人平均消費額約 2,000 多日幣。老闆娘姐妹人美聲音甜，偶爾會即興唱歌給客人聽，喝酒的客人心情好，有時還會跟著一起哼唱打拍子，氣氛很有意思。這裡的菜色多，分量比較少，可以多點幾道嘗嘗不同口味；酒的種類也多，從啤酒到日本清酒、燒酒或調酒都有；當然，馬肉還是最受歡迎的菜色，尤其是女性，最愛吃櫻花肉來養顏美容。只是店裡座位不多，有時人多得在外面排隊等候。吃飽喝足，建議可以在屋台村裡走走逛逛，在此處拍照，大雪紛飛中紅燈籠朦朧地映照著小巷子，很有日本味，宛如古早的電影場景。

● 1 小小的馬肉餐廳，就是一個 L 形吧檯，小巧溫暖　2 用餐聊天，心情自在

3 享受美食還能拍照，街道猶如電影場景

**INFO**

## 台所ねね

地址：青森縣八戶市六日町 みろく橫丁　おんで市 2 丁目

電話：080-1803-3566

交通：搭乘 JR 八戶線，在「本八戶」站下車，步行約 800 公尺左右。

營業時間：週一至週四 17:00 ~ 00:00，週五、週六 17:00 ~ 01:00，週日 17:00 ~ 00:00。全
　　　　　年無休。

# 幸福肉包

● 神奈川縣
橫濱市

位於橫濱中華街裡的包子店

74

　　很多人到東京旅遊，都會順道造訪神奈川縣橫濱市的中華街。中華街裡有家明治二十七年創業的百年老店，專賣各種創意包子，近年來老店更是研發許多有趣好玩的包子，如黑和牛壽喜燒肉包、巨大肉包、幸福肉包、糖醋肉包、紅燒肉包和懷孕桃子包等商品，吸引不少民眾排隊，也讓老店成了日本美食旅遊節目的最愛。

　　包子店名為「江戶清」，位於橫濱中華街裡，大多是現蒸好後讓客人帶著邊走邊吃。店裡許多創意商品都很值得介紹，其中人氣王之一，就是強調純正日本和牛肉的「黑和牛壽喜燒包」，包著品質嚴選的和牛肉，加上蒟蒻絲、香菇和蔥，配上黑味淋調製的壽喜燒醬汁，中間還放上一顆半熟的溏心蛋，包子的皮則是使用米粉，特別有彈性，甜甜鹹鹹的口感是饕客最愛，一個 500 日幣。

　　最好玩的一種，就是比人頭還大的「巨大肉包」，得用兩手拿，我好奇地比一比，這巨大肉包真的比臉還大，重量就超過 1 公斤，外皮有白色和粉紅色兩種，餡料有豬絞肉、蝦肉蟹肉，搭配竹筍、包心菜及調味料，一個 2,100 日幣，買回家還能冷凍保存 1 個月。不少客人會買來跟朋友分享，不過大家買了巨大肉包後，通常會先拿到臉旁邊比一比，拍照留念再享用。另外，名稱可愛的「懷孕桃子包」，是超大的壽桃形狀包子，撥開後，裡面是很多小壽桃，一個 3,800 日幣，最常被拿來代替生日蛋糕，或者當作驚喜送給壽星或準媽媽。

　　店裡最討喜的包子是「幸福肉包」，粉紅色的外皮，看來很喜氣，裡面包著豬

● 1 美味肉包不斷出蒸籠　2 包子店門面窗口的裝潢五顏六色　3 巨大肉包一個人真的吃不完
4 粉紅色肉包充滿幸福感

絞肉、包心菜及麻油筍絲等餡料，通常客人會搭配白色肉包一起購買，把紅白兩色肉包放在禮盒裡，討個吉利。不少人會買上好幾盒，當作祝賀禮物送人，或者在宴會上當作一道料理上桌，讓大家品嘗幸福的感覺。而「糖醋肉包」是店裡新推出的熱賣商品，肉餡的醬汁是用番茄醬當底，配上加入草莓果醬的甜醋醬調製而成。糖醋肉裡該有的洋蔥、豬肩肉、青椒和紅蘿蔔等，一樣都不少，統統包在Q彈的麵皮內，一個500日幣，口感還不錯。「回鍋肉包」，肉餡是用神奈川縣當地產的包心菜和豬五花肉，加上回鍋肉特有的豆瓣醬和甜麵醬熬煮而成，另外還加上了一點辣油提味，讓包子更符合回鍋肉大火熱炒的口感。

　　「美乃滋蝦球包」，裡面包著蝦球和溏心蛋，餡料的醬汁是使用店家特製的美乃滋配上芥末和山葵，味道酸酸甜甜，蝦肉充滿彈性，口感豐富。高檔的「魚翅肉包」，則是使用日本國產豬肉，把豬五花的部分切成較大肉塊，再搭配香菇和筍子一起煮，之後加上魚翅和蟹肉，肉餡用料豪華，吃起來很有滿足感。「泡菜肉包」，

● 1 餡料豐富的包子，外皮的黑色令人好奇　2 壽喜燒肉包，用料實在　3 滿滿的美乃滋和蝦子肉餡
4 煎肉包滋味不錯

用的是正統韓國泡菜加上熱炒豬肉片包成內餡，辛辣恰到好處，最特別的是包子的
麵皮揉進了辣椒粉，白色的包子皮蒸好後，上面呈現很多辣椒小紅點，視覺味覺兼
顧，夏天特別開胃。「紅燒肉包」，採用慢火燉煮的紅燒豬肉，加上青菜、甜麵醬
及少許牡蠣醬汁，讓口感充滿變化，能吃到一整塊的紅燒豬肉，相當物超所值。

　　店裡除了各式豪華創意包子之外，老闆還發明了特製燒餅和隨手可吃的攜帶式
湯包。魚翅小籠湯包，一個660日幣，可以當場吃或帶著邊走邊吃，特製的錫箔容
器裝著湯包，就像一個小碗，完整保存湯汁，讓客人嘗鮮。攜帶式的湯包還有酸辣
湯口味，肉餡以酸辣湯當底，湯包表皮很薄，一口皮加肉餡、一口酸辣湯，雙重享
受一次到位。另外，老闆還把魚翅、豬肉和山藥做成內餡，包在餅皮裡，再放上鍋
子油煎得金黃酥脆，趁熱吃，濃郁的餡料流出，就像在品嘗高檔魚翅羹一樣。

　　江戶清在橫濱中華街裡有四家店面，不少日本人喜歡在假日來中華街逛逛，順
道品嘗肉包小吃，另外這家創意包子還開放網路訂購，送貨到府。

● 1 櫃子裡擺著包子模型，讓客人看得見餡料，方便選擇　2 每個蒸籠裡都是不同種類的包子
3 中華街的商店很熱鬧

江戶清 中華街本店
地址：神奈川縣橫濱市中區山下町 192
電話：045-681-3133
交通：搭乘みなとみらい線（港未來線），在「元町中華街」站下車，出站後步行約 5 分鐘。
營業時間：週一至週五 09:00 ～ 20:00，週六、週日或假日 09:00 ～ 21:00。元旦公休。

# 美容樹汁

● 岩手縣
　八幡平市

一整片山林都是樹汁的來源

　　樹汁也能喝，甚至被譽為「美容聖品」？日本美容界瘋傳，在日本東北地區流行採樹汁來喝，據說當地人每天早上喝一小杯，可以養顏美容，讓精神更好，體力充足。

　　採樹汁的地方，就位於安本高原的安比格蘭飯店附近，這是個度假勝地，整片區域被大自然包圍，春夏綠意盎然，秋天楓紅動人，冬天則是純淨雪白，適合滑雪。除了以自然風景著稱之外，安比格蘭飯店的餐點更特別，不僅有日式、西式、中式、燒肉和自助餐等，最奇妙的就是，這裡十分受歡迎的飲料「樹汁」！

　　安比高原上有許多白樺樹成片生長，到了山上的雪水開始融化時，白樺樹準備發芽，於是透過樹根從土地吸取大量水分儲存。這個時期的樹汁無色透明，看起來外觀就像清澈的水一樣，含在口中，有股甜蜜溫潤的感覺。其實自古以來，白樺樹的樹汁就被稱為「回春水」，在北歐的芬蘭，人們為了追求健康年輕，習慣飲用白樺樹汁。據說白樺樹汁對胃很好，有保護作用，另外還有解毒和利尿排水的功用，能讓血液清澈。樹汁裡的成分包括肌膚所不可缺少的胺基酸和礦物質，更有能保溼的木醣醇，據說美肌效果十足。近年在法國也被當作美容水來飲用。

　　安比高原的白樺樹，可以在不傷害樹木繁殖生長的前提下，讓人採集。我們一大早天剛亮，就跟著飯店人員來到飯店後方的樹林，準備好水桶和水管，以及專用的水龍頭，準備採集樹汁。專家熟練地把水龍頭狀的工具輕輕轉進樹幹裡，在水龍

● 1 覆蓋白雪的山，孕育一整片天然白樺樹　2 採集樹汁得在每天清晨，才能萃取到最有營養價值的部分
3 採集樹汁　4 白樺樹林盛產樹汁　5 在樹幹上插入管子採集樹汁

頭上接水管，就能看到水一般清澈的樹汁從水管流入水桶。之後得把樹汁過濾、煮沸消毒，就能飲用。不過專家說，清晨的樹汁其實很乾淨，也能直接飲用。我們有樣學樣跟著專家採樹汁，如此新鮮的體驗還是第一次，我們現場嘗了一小杯樹汁，最後我把樹汁裝進小罐寶特瓶裡帶著走，當作一整天的飲品，一天下來似乎感覺特別有元氣。

安比格蘭飯店以樹汁料理美食著名

　　據說白樺樹汁含有一種谷氨酸脫氫酶，加熱後味道會變得更好，所以當地居民在煮涮涮鍋或味噌湯時，會用白樺樹汁代替白開水來煮，增加料理的美味。安比高原的白樺樹汁有多種功能，飯店也採集樹汁用來製作各種料理、甜點、飲料等。比如當地很受歡迎的「白樺樹汁奶油蛋糕捲」，就特別強調樹汁的保溼功能，加入原料後烘烤成蛋糕，再把蛋糕捲點綴裝飾成鯉魚的形狀，一盒 1,620 日幣，限期限量販賣。「安比白樺樹汁冰咖啡」，是用白樺樹汁做成冰塊，加入冰咖啡，隨著冰塊融化，能體會到不同層次的口感，還能喝到白樺樹汁豐富的礦物質，一杯 641 日幣。建議遊客到了飯店後，可以先點一杯白樺樹汁冰咖啡，坐下來好好欣賞窗外美景，既養生又愜意。

　　餐廳廚師推薦的「春野菜白樺樹汁涮涮鍋」，則是用白樺樹汁做湯頭，配上當地生產的各種山菜，鮮甜的白樺樹汁巧妙地幫蔬菜提味，輕輕涮兩下，就能品嘗到春野菜的活力。不過這道料理，限定只能在飯店的自助早餐吃到。一客自助早餐 1,944 日幣（小孩、學生 1,296 日幣，4 歲以下的兒童 756 日幣），每天早上 7 ～ 10 點供餐。飯店住宿一晚附早餐或早晚兩餐，價錢依照房型不同，為 1 ～ 6 萬日幣不等。

80

安比格蘭飯店（ホテル安比グランド）
地址：岩手縣八幡平市安比高原
電話：0195-73-5011
交通：JR 盛岡車站有免費接駁車前往安比，八幡平地區的各大飯店，可以到盛岡車站查看時
　　　刻表後搭乘。從盛岡車站西口處，到巴士站第 28 號乘車口，搭上前往安比高原的巴士，
　　　約 1.5 小時可達。

# 古早鍋

靜岡縣
靜岡市

大野木莊的招牌料理

　　到日本旅遊，除了逛街買東西之外，當然還要品嘗各種美食，嘗過頂級料理和平民美食，在此推薦不妨試試看，住在日本的傳統莊園裡，體驗一下古早風味的日式「圍爐」。

　　創業 40 年的大野木莊，是間很傳統的民宿。木莊裡有天然露天溫泉，用餐時也是使用古早時代的「圍爐裏」，也就是在地板挖開一塊四方形空間後鋪上灰燼，再從天花板上吊著一個大鐵鍋，燃燒木炭或柴火做料理。如果事先預約，還能在非常寬廣的和式包廂裡，由老闆娘親自使用「圍爐裏」來為你料理好菜。在這裡能夠品嘗到最古早的日本料理，親朋好友一同前往，在「圍爐裏」聊天歡聚，大口喝酒、大塊吃肉，令人有種回到古日本的懷舊體驗。

　　大野木莊提供住宿和料理，走進其中，樸實的民家裝潢、木製的地板，很有古早日本味，牆上掛著許多動物標本，代表著老闆家族山居狩獵的傳統文化。豪氣的老闆娘甚至在店裡掛著招牌，寫下一段話：「本館不適合想要追求高級食宿的客人，我們提供天然溫泉，並且使用梅島當地食材努力做出讓客人高興滿意的料理。到這裡，你可以不用化妝、不用穿得多好，就讓自己完全放鬆，早上用清涼的山泉水洗臉，呼吸深山裡乾淨的空氣，隨時隨地融入自然。」

　　大野木莊提供的餐點都是手作天然料理，最著名的就是「山豬鐵板燒」。老闆娘說，山裡有很多山豬，老闆會自己上山打獵，或者向獵人購買剛狩獵到的山豬，

● 1 套餐的菜色很豐富　2 大野木莊的外觀，樸實舒服的民宿　3 獨立的日式包廂，很適合親友團同樂
4 當地著名的山豬肉　5 古早鍋套餐的食材非常豐富

幫客人做成最有當地特色的山豬料理。尤其是山豬鐵板燒，一點都沒有肉腥味，低熱量、高蛋白質，豬肉在鐵板上烤得吱吱作響，香味四溢，烤好後不沾醬吃就很棒，肉質非常有嚼勁，一人份有 150 公克，分量十足。

當地盛產的魚「山女魚」

　　這裡的「竹酒」也很受歡迎，把日本酒放在竹子裡，再把竹筒插進「圍爐裏」的炭烤灰燼中加熱，喝起來全身暖暖的很舒服。另外，「山女魚炭火燒」，也是非常推薦的菜色，從河裡捕獲的山女魚，是櫻花鉤吻鮭的近親，肉質柔軟又有彈性，抹上鹽，再放入加了酒的竹子裡，在灰燼中慢慢烤，魚肉不僅帶有令人微醺的酒味，也能吃到炭燒的口感。吃完魚肉後，再把竹筒裡的酒一乾而盡，淡淡的魚香和鹹味，讓熱熱的酒喝起來很濃郁，當地人稱為「山女魚骨酒」，除了好吃之外，料理方法也很古早日本味，非常有意思，推薦遊客一定要嘗試看看。如果喜愛魚肉的人，也可以再加點一份山女魚生魚片，品嘗新鮮溪流中的活力。

　　此外，還有一道推薦必吃料理就是放山雞。料理全名是「梅島軍雞全餐」，以鍋為主菜，也是坂本龍馬相當喜愛的一道菜，生長在山裡的軍雞，體積較大，肉質較緊實，民宿老闆娘把雞肉做成鹽口味的鍋料理，還有軍雞翅、雞肉串燒和炸雞塊、蔬菜豆腐等配菜，吃完後再加入米飯做成「雜炊」，更可以來一小碗「軍雞茶碗蒸」，滿足味蕾又有飽足感。大野木莊還提供夏季 BBQ 烤肉套餐，老闆娘會準備滿滿的雞肉、豬肉和蔬菜，讓你一口烤肉、一口啤酒，暢快享用原始的山產料理。

　　大野木莊的房間都是和式風格，最大的一間可同時容納 13 個人，很適合團體結伴同遊，一泊二食一個人 1 萬日幣。

INFO

大野木莊
地址：靜岡縣靜岡市葵區梅之島 4269-10
電話：054-269-2224
交通：從 JR 靜岡車站搭乘巴士，約 1.5 小時抵達「大野木巴士」站，下車後步行約 5 分鐘可達。

# 採山葵料理

● 靜岡縣
　靜岡市

午餐是定番的山葵套餐

　　傳統日本料理，少不了提味的「哇沙米」，而日本最美味哇沙米的產地，就在靜岡縣的「有東木地區」，當地不但盛產俗稱哇沙米的山葵，還讓客人自己採收，做成各種山葵料理當場享用。

　　距離靜岡市中心 30 公里的北方，有條安倍川，河流上游處有個「有東木地區」，自古以來就是山葵栽培的發源地。乾淨的水源栽種出清甜帶著嗆辣滋味的山葵，江戶時代的居民曾經把山葵獻給德川家康將軍，他品嘗後愛上了當地風味獨特的山葵，於是下令不准把這裡產的山葵輸出到外地，又由於山葵的葉子形狀如同家徽「葵」，於是將此物命名為葵。其實在江戶時代以前，山葵只被當成藥物使用，江戶中期以後，才把山葵做成醃漬品等食物來享用。

　　靜岡的有東木地區出產的山葵，被認為是日本最美味的，來到有東木農林加工販賣所，還能品嘗到山葵海苔、山葵味噌等各種相關產品。到這裡，建議先去山上的山葵園裡，跟著栽種山葵的媽媽們一起下田採山葵。山坡上的山葵田分成一小塊一小塊，水流隨著坡度順勢而下，灌溉孕育山葵成長。負責的媽媽首先要我們脫掉鞋襪，光腳踩進山葵田裡，一腳踏進去，果然感覺到水的冰涼清透，接著要用鐮刀輕輕把外圍的葉子割開，再以手慢慢將山葵一根根拔起來，然後放進水裡晃一晃，讓水沖掉泥土，採收好的新鮮山葵就能當成午餐的食材。下田採收完畢，接著就要動手體驗做山葵料理。

色澤飽滿形狀漂亮的山葵　　　　　　　　　　以人工採收山葵，才不會影響其生長

　　體驗手作料理的地方，就是農林產加工販賣所的餐廳，媽媽們將山葵洗乾淨後，備好其他要用的食材，就先教我們把山葵的根切成條狀，接著加鹽攪拌，再將攪拌好的東西切成末，然後加入酒糟繼續細細攪拌，就成了一道最簡單的山葵漬物。體驗山葵漬物約需 30 分鐘左右，體驗價格一個人 1,200 日幣，必須 4 天前先預約。

　　體驗完成後，不妨選一個面河的座位，在開放的空間裡，聽著潺潺水流，再點一客山葵套餐來品嘗。山葵套餐定食一客 950 日幣，裡面有山葵根製成的醃漬物，也有山葵葉子炸成的天婦羅，當然還有磨成哇沙米的新鮮山葵。山葵根製成的醃漬物咬起來脆脆的很有口感，山葵葉子天婦羅吃起來香酥可口，再來一小口哇沙米提味，一股微微的嗆辣感直衝腦門，瞬間覺得精神百倍。或是點一道當地食材做成的蕎麥麵套餐，配上鮮綠的哇沙米，保證過癮。如果意猶未盡，這裡還有各種山葵相關產品可以買回家品嘗，或是飯後來一支山葵霜淇淋，甜甜的冰在舌頭上融化，帶點微嗆的山葵顆粒，很值得試試看。

有東木農林產物加工販賣所「うつろぎ」

地址：靜岡縣靜岡市葵區有東木 280-1
電話：054-298-2900
交通：從靜岡車站搭乘靜鐵安倍線（静鉄ジャストライン安倍線）巴士，到「有東木橋」站下車。
營業時間：平日 10:00 ~ 15:00、假日 09:00 ~ 16:00。每月第三個週二、跨年年假和採茶繁忙期間的 5 月上旬到中旬公休。

# 鮪魚丼飯
## 吃到飽

● 靜岡縣
　靜岡市

不管加多少鮪魚，價格不變

好玩
86

　　到日本旅遊，一定要嘗試有黃金魚肉之稱的黑鮪魚，尤其在捕獲鮪魚的主要產地「靜岡縣」，竟然有店家不惜成本推出了「鮪魚丼飯吃到飽」，一碗飯加上大量的新鮮鮪魚，加成一座小山，加到滿出來，加到客人喊停為止，店家都不手軟！

　　豪華鮪魚吃到飽餐廳，位於清水港旁邊的魚市場內，這個魚市場專門販賣清水港捕獲的魚貝類海鮮，整棟建築分成兩大區塊，一棟是「市場館」，裡面有 20 幾家海鮮攤販，可以在此挑選最新鮮的魚貝類，帶回家料理。市場內每家攤販的老闆都是海鮮專家，熱情又有活力，不但會仔細說明魚貝類知識，還大方讓遊客試吃。每年都有一百多萬人造訪魚市場，而被稱為「清水港的廚房」，因為直接從清水港大盤進貨，所以海鮮的價格非常便宜。

　　享用豪華鮪魚餐之前，我們決定來逛逛魚市場，先選了一家看來很親切的攤販，老闆主動拿出整盤的沙丁魚，在白嫩新鮮的沙丁魚裡加入醬油和哇沙米，稍微攪拌後，讓我們當場試吃。一大盤的沙丁魚一口吃進嘴裡，難以言喻的鮮美，讓人印象深刻，原來當天現捕的沙丁魚竟可以這麼美味，滿滿一大盤的量也令人驚訝，攤販老闆出手真是豪邁。

　　魚市場另外一區是「鮪魚館」，兩層樓的建築物裡有不少海鮮餐廳，出手闊氣的鮪魚加到滿吃到飽餐廳，就在這裡。店家叫做「魚市場食堂」，簡單易懂的店名，加上日式小食堂的傳統裝潢，大門口還貼滿了明星藝人來訪的簽名板。廚師說，這

● 1 清水魚市場　2 魚市場食堂，大門口貼滿了明星藝人來訪的簽名板　3 套餐分量很大
　4 店員到桌邊為客人添加鮪魚肉

裡都是使用清水港現撈現捕的海鮮，保證能吃到海裡來的滋味。看看菜單，「海鮮丼套餐」使用 8 種不同的生魚片，放在白飯上，配上味噌湯和開胃的醃漬小菜，一人份 1,030 日幣。「魚市場定食」則是使用了鮪魚等 11 種不同的生魚片，搭配白飯、味噌湯和醃漬小菜，一人份 1,730 日幣。

　　而這裡最有名的，當然就是「鮪魚丼飯加到滿吃到飽套餐」，除了醃漬小菜和味噌湯之外，主菜就是鮪魚丼飯，熱騰騰的白飯上，鋪了滿滿的鮪魚塊。這道菜吃的方法很特別，客人點餐後，店員先把套餐送到你面前，這時的套餐裡，主菜是一碗白飯，接著店員會端來一個大鍋，裡面滿滿都是鮪魚肉，每一塊都是新鮮鮪魚加上特調祕方醬汁醃漬而成。店員拿好大鍋，站在客人旁邊，請客人把裝著白飯的碗拿起來，然後店員就用大湯匙舀起滿滿的鮪魚塊，開始加在白飯上，看著店員一直加一直加，加到鮪魚塊已經滿成一座小山還不停手，這時客人還可以用筷子把白飯往下壓，在碗裡挪出更多空間，讓店員繼續加入鮪魚塊。店家說，只要客人不喊停，

店員就會從大鍋裡不斷舀出鮪魚塊加在飯上，即使加到滿出來也不會停，直到客人滿意喊停了，才會停止添加鮪魚。一道「鮪魚丼加到滿」套餐，一人份僅 1,020 日幣，約 200 多臺幣，就能享受頂級鮪魚吃到飽，划算得讓人不敢相信。

　　看到隔壁桌日本饕客點了鮪魚丼吃到飽套餐，我們也馬上決定試試看。幾分鐘後，店員先是端上湯、醃漬小菜和一碗白飯，接著果然拿出一整大鍋鮪魚，開始在白飯上添加鮪魚塊，貪心的我忍著不喊停，眼看著手上的碗，鮪魚塊越堆越多，滿成了一座尖尖的小山，甚至開始掉出碗外，我才喊停。捧著一大碗鮪魚丼飯，先拍幾張照片，然後開始品嘗這豪華套餐。深怕鮪魚小山整座傾倒，我小心翼翼夾起一小塊鮪魚放進口中，嘴裡瞬間充滿夢幻的鮮甜，Q 彈的肉質配上店家祕方醬料，搭配得恰到好處，感動得都要掉眼淚了。吃了幾口之後，喝點湯清清口腔，接下來拿起哇沙米加在鮪魚肉上，又是另一種微微嗆辣的無敵美味。重點是，這鮪魚小山似乎吃也吃不完，讓人簡直不敢相信。再吃了幾口鮪魚，建議開始配上底下的白飯，鮪魚醬汁流入白飯，讓米粒變得飽滿，和鮪魚肉一起吃，堪稱人間美味。

● 1 魚市場的漁獲都很新鮮　2 甜蝦肉很有彈性　3 魚市場充滿活力　4 日本各界名人來訪留下簽名

　　隔壁桌的日本大叔說，很多附近民眾常常故意不吃早餐，空出肚子，就是要到這來享用鮪魚大餐吃到飽。能喝酒的遊客，還可以多點一瓶啤酒，讓鮪魚大餐吃得更滿足。吃完鮪魚丼大餐，不妨到同一棟的霜淇淋店買支牛奶霜淇淋當點心，濃郁香甜的滋味，替鮪魚大餐畫下完美的句點。

ＩＮＦＯ

清水魚市場
地址：靜岡縣靜岡市清水區島崎町 149 番地
電話：054-355-3575
交通：從 JR 清水站東口出去，走東西自由通路往「清水テルサ」方向，過馬路後即可看到目的地，步行約 3 分鐘。
營業時間：市場 10:00 ～ 18:00、鮪魚館 10:00 ～ 22:00。週三公休。

# 櫻花蝦漂亮餐

● 靜岡縣
　靜岡市

外觀並不起眼的櫻花蝦老鋪餐廳

　　吃蝦能變美？日本靜岡盛產櫻花蝦，當地有間特別的餐廳，推出「櫻花蝦漂亮餐」，透過不同的組合，呈現出櫻花蝦最美味的特色，據說這一系列的料理，吃完能讓人變漂亮，也因此被稱為美人料理。

　　名為「井筒屋」的餐廳，在日本大正五年創業，至今已傳承了四代，是專門料理櫻花蝦的餐廳。老鋪位於靜岡市的清水區，附近就能看到海，強調距離產地最近，食材特別新鮮。兩層樓的餐廳一樓是一般座位區，二樓是包廂。我們一群人訂了和式大包廂，空間相當寬敞，像是江戶時代的宴會般，很有日本古早風味。笑容滿面的老闆親切地介紹，櫻花蝦含有優良蛋白質、鈣質、谷氨酸和 DHA 等營養成分，可以抗老化，預防疾病，尤其對美容特別有效，也讓很多日本女性趨之若鶩，每年到了櫻花蝦盛產時，不少人會特地來品嘗這道美容料理。

　　捕撈櫻花蝦，分成春季和秋季一年兩次，春天的櫻花蝦，捕獲期從 3 月底到 6 月初，秋天則是 10 月下旬到 12 月下旬左右。日本饕客最愛在春天櫻花盛開時造訪，一邊賞櫻、一邊品嘗櫻花蝦，讓人感受到粉紅色的幸福。餐廳的「櫻花蝦漂亮餐」分成很多種類，「由比定食」一客 1,700 日幣，是店裡最受歡迎的料理，包括油炸酥脆的櫻花蝦天婦羅、櫻花蝦炊飯、櫻花蝦湯、用醬油和糖燉煮成的櫻花蝦佃煮，再配上香噴噴的白飯和當季水果。主菜「炸櫻花蝦天婦羅」，是將櫻花蝦裹成麵團所炸成，外表金黃酥脆，一口咬下去能聽到卡滋卡滋的聲音，口味濃厚飽滿。店長建議，

● 1 午餐櫻花蝦套餐　2 用餐區　3 涼拌櫻花蝦，檸檬墊底，滋味鮮甜
　4 櫻花蝦炸成酥脆的天婦羅蝦餅，是店裡的招牌料理，非常受歡迎　5 老闆仔細說明每一道菜

可以撒上少許櫻花蝦鹽，讓櫻花蝦天婦羅的滋味更獨特。

午餐櫻花蝦套餐

「本陣定食」一客 2,480 日幣，包括當地產的新鮮生魚片、炸櫻花蝦天婦羅、櫻花蝦佃煮、櫻花蝦炊飯、湯、醃漬小菜和水果。「沖上定食」一客 1,500 日幣，只限於櫻花蝦撈捕卸貨當天才提供，主菜是櫻花蝦鍋，裡面有櫻花蝦和蔬菜豆腐等，另外配上櫻花蝦佃煮和櫻花蝦飯炊飯。除了櫻花蝦之外，還有炸蚵仔天婦羅套餐、生魚片套餐、炸蝦套餐、炸豬排套餐等。單點的菜色，最著名的是「炸櫻花蝦天婦羅」一片 570 日幣，不少人點了套餐後還會加點一兩片炸櫻花蝦天婦羅，吃個過癮。

另外，單點的菜色中很受歡迎的還有「生櫻花蝦涼拌」，一盤 360 日幣，把剛捕撈上來的新鮮櫻花蝦放在高麗菜絲上，再用幾滴檸檬調味，限於櫻花蝦產季販賣。食量比較大的饕客通常也會加點一盤 450 日幣的櫻花蝦沙拉，或者一碗 200 日幣的櫻花蝦飯，來增加分量。櫻花蝦飯使用的櫻花蝦非常講究，是最頂級的櫻花蝦，廚師還會仔細去掉比較刺的蝦子鬚和腳，讓蝦子更柔軟容易入口。

店裡有蕎麥麵和日本酒等其他餐點，提供客人搭配櫻花蝦餐來做選擇，如果吃得不過癮，還有販賣各種包裝好的櫻花蝦食品，讓客人買回家，不過考慮到飛機海關檢疫問題，我們選擇了最容易攜帶的櫻花蝦鹽，小小一罐，是把櫻花蝦磨成粉末後，和鹽充分混合製成，討喜的粉紅色撒在任何料理上，都感覺很浪漫。

**井筒屋**
地址：靜岡縣靜岡市清水區由比 314
電話：054-375-2039
交通：JR「東海由比」站下車，往東步行約 25 分鐘，或是在東海由比站轉搭計程車約 5 分鐘可達。
營業時間：11:30 ～ 14:00、17:00 ～ 20:00。週一公休。

# 蝦蟹合戰

• 北海道
　札幌市

蝦蟹合戰的餐廳入口

　　到北海道旅遊，一定不能錯過的，就是品嘗海鮮，尤其是螃蟹和大蝦。生長在寒冷北國的螃蟹，肉質鮮美，適合做成各種料理，在札幌市就有不少專賣螃蟹料理的高級餐廳。但儘管是在產地現吃，頂級如帝王蟹的價格也是不便宜，煮熟的帝王蟹，平均一公斤要價約 7,000 日幣，將近 2,000 臺幣。如何才能吃到頂級豪華螃蟹又不花大錢呢？這裡要介紹一個札幌當地居民大力推薦的吃到飽餐廳「蝦蟹合戰」，不僅提供各種高級蝦蟹料理，價錢也很划算，餐廳的夜景更是一絕。

　　「蝦蟹合戰」位於札幌市中心最熱鬧的夜生活區「すすきの」（薄野），餐廳在十二樓，幾乎每個角度都能欣賞到五光十色的札幌都市夜景。「蝦蟹合戰」的點餐方式是採取 90 分鐘吃到飽，依照蝦蟹的等級分成不同組合。以螃蟹為主的套餐有五種。一個人 1.5 小時 4,500 日幣的吃到飽 A 套餐，品項有七種，包括毛蟹、松葉蟹腳、炸蝦天婦羅、蝦肉握壽司、蟹肉握壽司、炸蝦握壽司、茶碗蒸。同樣是 4,500 日幣的吃到飽 B 套餐，品項也是七種，包括帝王蟹的油蟹腳、松葉蟹腳、炸蝦天婦羅、蝦肉握壽司、蟹肉握壽司、炸蝦握壽司、茶碗蒸。如果只想品嘗螃蟹，可以選擇 5,000 日幣的吃到飽蟹套餐，品項有三種，分別是毛蟹、松葉蟹、帝王蟹的油蟹腳。另一種 5,000 日幣的吃到飽套餐，品項有八種，包括毛蟹、帝王蟹的油蟹腳、松葉蟹腳、炸蝦天婦羅、蝦肉握壽司、蟹肉握壽司、炸蝦握壽司、茶碗蒸。而 5,400 日幣等級的吃到飽套餐組合，品項則有十種，包括毛蟹、帝王蟹腳、松葉蟹腳、炸蝦天婦羅、

● 1 一盤盤的蟹腳讓你吃到飽　2 吃蟹腳需要技巧才能完整吃到殼裡的肉　3 蝦蟹外還可以單點握壽司
4 壽司加上茶碗蒸是不錯的單點選擇

炸蟹肉天婦羅、蝦肉握壽司、蟹肉握壽司、炸蝦握壽司、茶碗蒸、甜點。

　　螃蟹和蝦綜合的吃到飽套餐，為 120 分鐘吃到飽，共有四種不同組合。4,200 日幣的組合，包括帝王蟹、炸毛蟹殼、蝦蟹紙鍋、烤帝王蟹腳、醋漬蝦蟹、握壽司、甜點等。另外，還有追加種類的 5,250 日幣吃到飽，以及 7,350 日幣吃到飽。價錢最貴的是 10,500 日幣 2 小時吃到飽套餐，包括毛蟹、帝王蟹、松葉蟹、大龍蝦等各種不同料理方式的菜色，非常豪華。如果還覺得吃不夠，單點菜單裡有蝦蟹炊飯、魚子丼飯和炸物可以加點。不管是 1.5 小時還是 2 小時吃到飽哪種組合，另外加 1,200 日幣，就可以在時間內同時享用「喝到飽」，品項包括生啤酒、日本酒、威士忌、雞尾酒，以及烏龍茶、果汁等。

　　我們點了 2 小時最頂級的吃到飽套餐，店員首先把吃蝦蟹的「工具」端上桌，包括剪刀、挖蟹腳肉的長型叉子、湯匙、筷子、一碗洗手用的檸檬水和擦手用的毛巾。然後端上第一輪的各項菜色，桌面就完全擺滿了，重約 7 公斤且兩邊腳伸開將近 1

● 1 店外的預約表寫得滿滿　2 炸蝦天婦羅也很受歡迎　3 吃蝦蟹必備道具　4 爭取時間盡情吃

公尺的巨型帝王蟹、黃澄澄蟹膏的松葉蟹、肉質發亮的毛蟹，如此豪華美食，吃到飽竟只要 2,000 多臺幣。嘗一口原味的蟹肉，飽滿的口感果然名不虛傳，泛著油光的蟹膏，入口有種說不出的香濃，再喝一口蟹殼熬煮的味噌湯，甘甜鮮美，難怪北海道螃蟹被稱為「冬之味覺」。不到一會兒功夫，桌上滿滿的蝦蟹盛宴就被一掃而空，我們當然繼續追加第二輪，只要是在吃到飽限制時間內，不管追加多少次，工作人員都會立刻把料理送上桌。

　　餐廳裡還有英文菜單，接待外國遊客也相當熱情。當地居民則是有不少人喜歡在這裡舉辦宴會，分成兩組 PK，舉辦真正的「蝦蟹合戰」，看時間到了哪一組吃得多就獲勝。「蝦蟹合戰」餐廳共有 70 種以上的蝦蟹料理，除了店內享用之外，也提供蝦蟹的宅配服務。餐廳從下午 4 點開始營業到半夜 12 點，雖說可容納 120 個人，但每到晚餐時間就大排長龍，建議提前預約。由於餐廳位於熱鬧夜生活區，四周店家都營業到很晚，吃飽喝足後可以到附近走走逛逛，散步消化一下，欣賞札幌的夜生活景象。

 1 吃多少都可以,大家完全不顧形象大吃　2~3 看誰吃得多,大家吃到滿桌都是蟹殼

## 蝦蟹合戰

地址:北海道札幌市中央區南 4 条西 5「F-45 大廈」12F

電話:011-210-0411

交通:搭乘地鐵南北線,在「すすきの」站下車,往東急 REI 飯店方向,步行約 3 分鐘。餐
廳所在大廈的一樓門前有個大型裝置,形狀是一顆金色的蛋。

營業時間:16:00 ～ 00:00。日本年假期間公休。

# 幽靈餐廳

● 東京

整間餐廳充滿驚悚恐怖的道具

　　你喜歡四處尋找有特色的餐廳嗎？在東京吉祥寺，有間相當特別的餐廳，以幽靈為賣點，不管是店內裝潢、店員穿著，還是餐飲菜色，都以「陰間幽靈」為主題，客人一進門，打扮成幽靈的女店員就會用陰森低沉的聲音對你說：「恭喜你歸西，歡迎來到地獄。」

　　名為「遊麗」的餐廳，就位於東京吉祥寺的地下室，日文「遊麗」的發音跟「幽靈」一樣，餐廳入口處小小的，走下階梯時，兩旁貼滿了詭異驚悚的海報畫像，每踩一步，都會聽到誦經聲，同時吹來陣陣冷風，越往下走越覺得心裡發毛。鼓起勇氣走到樓梯下的正門入口，一進門，頭上就掉下蜘蛛，嚇得我們高聲尖叫。之後打扮成幽靈的店員出來迎接，笑著對我說：「您已經往生了，歡迎來到地獄。」店員都屬於萌系的日本女孩，但打扮成女鬼的樣子，還是讓人有點不敢靠近，幽靈店員沒有名字，暱稱幽靈一號、幽靈二號等。幽靈店員領著我們走進餐廳，如果是一個人造訪，可以選擇坐在櫃檯；如果一群朋友去，建議坐在中央的桌椅區；如果男女朋友約會，還有半獨立的沙發包廂可以使用。店裡的燈光很暗，據說是因為幽靈喜歡昏暗的空間，特別的是還有一個小舞臺，不定期會舉辦說鬼故事大會，讓客人一邊吃飯、一邊聽恐怖故事。店家不時會邀請日本年輕藝人到舞臺上表演，基本上通常是週六、週日或假日下午3點開始表演。傳說東京吉祥寺附近有很多不可思議的故事，店裡更是有不少讓人驚嚇的裝置，有的客人說，會聽到詭異的貓叫聲。

● 1 幽靈居酒屋在地下，大門口看來宛如守夜的靈堂　2 幽靈餐廳大門口一角　3 幽靈服務生很愛嚇人
4 幽靈吧檯區

　　我們選了一般桌椅區，坐定後，店員送上菜單說，決定好要吃什麼只要拍手，
店員就會過來幫忙點菜。看看菜單，每道料理的名稱都相當恐怖，有「血池地獄」、
「燃燒的肋骨」、「油炸小人串」等。我們決定先點這三項名稱最詭異的料理，於
是拍手叫店員來點菜，沒想到一拍手，頭頂上掉下一堆可怕的大蜘蛛和沾滿血跡的
假手，嚇壞我們一群人，店員像鬼魂一樣飄過來，若無其事把綁著假蜘蛛和血手的
繩子收回屋頂，開始點菜。店員另外推薦了一道「俄羅斯輪盤串烤」，說是可以用
來整人玩遊戲，我二話不說立刻答應加點。料理送上桌之前，店員端來了一塊神主
牌位，仔細一看，我們的名字竟然就這樣寫在神主牌位上！店員笑問：「這是各位
第一次死亡嗎？不要緊張，神主牌位是為了歡迎您來到地獄而特別製作。」我的臉
都僵了，不知道該笑還是哭。

　　等了一會兒，店員送上「血池地獄」，整碗都是血紅色的，仔細看，原來是香
辣牛尾湯，輕嘗一口，辣辣的嗆味還挺開胃。接下來是「燃燒的肋骨」，店員端上
一盤分量不小的肋排，然後突然拿出噴槍點火，瞬間火焰往上竄，差點燒到眉毛，

● 1 寫著客人名字的牌位　2 店內嚇人的布置　3 可愛的幽靈服務生　4 嚇人的道具迎接你

嚇得我差點反應不過來。嘗了嘗味道，肋排烤得香脆，照燒口味，挺有特色。之後是「油炸小人串」，炸得金黃的炸物，用牙籤和細叉子把炸物做成人的形狀，再用番茄醬在炸物小人身上寫上討厭者的名字，拿叉子用力戳小人洩憤，再把油炸小人一口吃下肚，保證怒氣全消。至於店員推薦的「俄羅斯輪盤串烤」，端上來竟是一串串的烤丸子，每一碗裡裝有好幾串，所有的丸子都是正常口味，只有其中一兩個包著滿滿的哇沙米，吃下去可會嗆得淚流滿面。吃法就是大家猜拳，每人選一個吃，看誰吃到最嗆辣的哇沙米丸，就算輸家。緊張選了半天，我竟然如此好運選中了那個有機關的哇沙米丸，一咬下去，滿滿的哇沙米爆漿，嗆得我喝了好幾口水，也讓朋友笑得停不了，真是道「笑果十足」的菜色。

　　想要玩得更盡興，還可以事前預約，請店家幫忙準備專屬的「往生酒」和幽靈服。當然這兩樣我都事前預約了，店員取來一套乾淨的幽靈服飾讓我穿上，最後在頭上綁一個三角形的白色頭巾，立刻變身幽靈。至於往生酒，可以選擇日本酒等各類不同的酒，店家會在酒瓶上寫下客人的「墓誌銘」，喝完還可以帶回家留念。吃完飯，

● 1 服務生會送上「遺照框」讓客人拍照留念　2 餐廳裡知名料理，油炸小人
　 3 像俄羅斯輪盤一樣，有的丸子裡包了超級哇沙米，吃下去可能會辣到淚流滿面

重頭戲就是穿著幽靈服拍「遺照」，店員會準備一個空相框架子，上面有兩條交叉的布條，把相框放在臉前面拍張照，看起來果真很像告別式上用的遺照，心情真是矛盾啊！

INFO

遊麗
地址：東京都武藏野市吉祥寺南町 1-8-11 B1
電話：0422-41-0194
交通：搭乘 JR 中央本線，在「吉祥寺」站下車，往公園正面走，看到右手邊有個「井之頭公園入口路」，走進去後約 10 公尺，即可看到店面 1 樓入口的招牌和燈籠。
營業時間：17:00 ～ 01:00，週六、週日及假日有表演時 15:00 開始營業。全年無休。

# 殭屍餐廳

吧檯區服務生的殭屍裝扮非常驚人

　　最恐怖的殭屍聚會，你有勇氣參加嗎？殭屍聚會的料理，你敢嘗試嗎？東京六本木每月都會舉辦一次「殭屍派對」，在派對上，參加者都得扮成殭屍，還提供各種恐怖的「殭屍料理」，讓客人體驗最嚇人的夜晚。

　　殭屍派對每月最後一個週日舉辦，地點就在六本木的酒吧「Night GalleRy Cafe CROW」，活動主辦單位是殭屍集團「ZOMBIENA」。想參加殭屍派對，得先扮成殭屍，通常參加的客人會在自己家裡穿好殭屍服裝，再到店裡花 500 日幣，就有專人幫你迅速完成特殊的「殭屍妝」。專業的化妝師讓你瞬間變身成血流滿面或青面獠牙的殭屍，與殭屍夥伴們一起參加派對同樂。

　　主辦單位表示，他們熱愛殭屍，因此 2010 年左右組成了殭屍集團，看殭屍電影、交換殭屍故事心得、跳殭屍舞、研究殭屍裝扮，後來每個月舉辦殭屍派對，目的就是要在全國散布殭屍病菌，讓殭屍人口持續增加。活動一開始吸引很多男性參加，後來沒想到越來越多女性也主動報名，現在大概 7 成左右都是「女殭屍」。

　　在派對上，大家穿戴成各種恐怖裝扮，連肢體動作都很像殭屍，似乎來到這裡的人都被殭屍咬過一樣，感染了殭屍病毒，說話舉動充滿殭屍味。店裡還有準備各種殭屍專用的飲料和食物，其中最受歡迎的要屬「殭屍病菌雞尾酒」，加入了特製粉圓的調酒，看起來就像酒裡被感染了病毒圓球一樣，真的需要點勇氣才喝得下去。另外，還有特製的調酒，如「復活的詛咒」、「解毒劑」，以及用頭骨狀杯子裝著的「骸

各種殭屍造型都能看得到

吧檯提供各種殭屍飲品

骨汁」。而淋上醬汁的「殭屍肉火腿」
也很受歡迎,用來下酒,味道剛剛好。
每月舉行派對都會更換不同菜單,創意
十足。

　　店裡空間不大,只能容納 20 個人
左右,派對從下午 3 點開始,一直到晚
上 9 點。主辦單位表示,因為是週日,
派對時間調整得比較早開始和結束,是
為了避免影響大家隔天週一要上班。不
過到了晚上人會很多且擁擠,建議 3 ～
5 點前往,比較舒服。

擺出嚇人的表情,來個殭屍問候

　　殭屍集團說,來到殭屍派對,他們鼓勵大家藉由扮演殭屍,完全放鬆身心,釋
放壓力,認識志同道合的「殭屍朋友」。而店裡的員工也裝扮成殭屍,拿著各種恐
怖道具迎接客人,只不過因為店員也是殭屍,所以不會用客氣的方式招呼客人,有
時反而還會刻意嚇人。除了派對之外,集團甚至會不定期在東京的新宿、原宿、澀
谷或代代木公園等地舉行「殭屍路過活動」,召集團員們扮成殭屍走上街頭嚇人。

**Night GalleRy Cafe CROW**
地址:東京都港區六本木 7-8-5「ロック&ロック大廈」2F
交通:從「六本木中城」步行約 1 分鐘可達。

# 山羊餐廳

小羊散步中

　　東京是個創意無限的城市，不管要找什麼樣的餐廳都有，位於東京澀谷鬧區的小巷子裡，有家「山羊餐廳」，除了提供各種美味咖啡、茶點之外，最特別的是，店裡養了兩頭小羊，客人上門用餐，喝完咖啡，還能牽著小羊，在熱鬧的東京街頭散步「遛羊」。

　　名為「櫻丘咖啡」的餐廳，是一家很有文藝氣質的小店，店裡一黑一白的小羊，是客人最愛的吉祥物，就養在店外的籠子裡，如果選擇戶外的座位，還能伸手就摸到小羊。有興趣的客人，可以請店家幫忙拴上鍊子，牽著小羊去附近散步。如此繁華的都市中心竟然有山羊，這讓很多民眾覺得有趣，兩隻山羊因此瞬間爆紅。店老闆說，當初想在餐廳的戶外區養動物，但養貓狗好像又很普通，於是想到乾脆養山羊，小羊時常對著路過的人咩咩叫，很多上班族會特地停下來摸摸小羊，也吸引不少女性客人來用餐。兩頭小羊一黑一白，黑羊名叫巧克力，白羊名叫小櫻花，都是母的。店員說，羊飼料主要是乾草，每天店員都會細心照料小羊，喜歡動物的客人還可以直接拿乾草餵羊。不少客人喜歡預約小羊木屋旁邊的座位，邊吃飯邊餵羊，或者跟羊兒拍照。

　　每天早上開店前，約 10 ~ 11 點之間，店老闆會不定期帶羊到街上散步。如果客人也想遛羊，可以事前預約，店家開放每週一和週三進行免費的遛羊體驗，客人可以在店員的陪同下，牽著小羊走上熱鬧時尚的澀谷街頭散步約 20 ~ 30 分鐘，保

● 1 山羊餐廳老闆帶著小羊在澀谷街頭散步　2 散步途中小羊會停下來吃草，拉都拉不走
　 3 餐廳裡還有販賣各種小羊文具　4 澀谷山羊變成明星羊，出版寫真集也熱賣

證能吸引不少好奇的目光。

　　我們首次造訪，當然要試試看怎麼遛羊，這次是老闆親自陪同體驗，首先要把兩頭小羊拴上繩子，然後就跟遛狗完全一樣，牽著羊在路上慢慢走。只不過看老闆牽著羊一副輕鬆自在的樣子，我卻怎麼拉也拉不動，羊小妹不走就是不走，突然走動了，也完全不朝我要的方向移動，蹲下來安撫一下小羊，沒想到小羊竟然動嘴啃我的褲腳，只好向老闆求救。店老闆伸出援手安撫小羊後，情況改善很多，於是我們牽著羊兒走上澀谷街頭，正當我感覺愜意時，羊小妹又出招了，竟然停下腳步上廁所！老闆趕緊上前，拿出準備好的清掃用具，把羊小妹的便便清乾淨裝袋。老闆說，澀谷畢竟是東京鬧區，可不像牧場那樣自由，動物的排泄物都得清乾淨，不然會被罰款。兩頭羊小妹走著走著，有時還會停在路樹旁邊想要吃草，這時得動用吃奶的力氣，才能把羊拉回來，雖說都會遛羊體驗難能可貴，但還真是有點難度。

　　兩頭小羊近來人氣暴增，不僅有不少粉絲，還出版了羊的寫真集，現在店裡也

● 1 山羊咖啡廳一景　2 山羊餐廳的桌椅布置很溫馨　3 吧檯區
　4 小羊的住處就位在餐廳門口，旁邊還有戶外桌椅區，最能親近小羊

能買到兩隻明星羊的寫真集和周邊商品。店長說，員工要照顧兩頭羊，必須事先經過訓練，不只要到寵物店學習飼養方法，還要聽動物顧問上課，之後才有資格照顧小羊。到店裡的客人都說，在都市裡竟然能這麼近距離和小羊接觸，不管是用餐或下午茶，都有可愛的小羊陪伴，真的非常療癒身心。

　　當然，櫻丘咖啡的餐點也很推薦，尤其是以小羊命名的餐點系列，比如說，以白羊小櫻花命名的「櫻花聖代」，口感濃郁，一客 600 日幣。還有棉花糖加入巧克力的香草冰，吃起來外表焦脆，內部滑順，很有創意。另外，有一道特別推薦料理，是以小黑羊來命名的，叫做「澀谷羊屎巧克力」，光看名稱肯定嚇一跳吧！雖然名稱有點嚇人，但這其實是把純正巧克力做成一小顆一小顆黑黑圓圓的形狀，故意說成羊屎，一客 600 日幣，非常熱賣，是不少年輕人來店指名必嘗的餐點。

● 1 散步途中，得用點力控制山羊的方向
　2 帶山羊散步可不輕鬆，小羊的力氣很大
　3 餐廳推出小羊巧克力和小羊餅乾等甜點
　4 小羊的萌樣很療癒

INFO

櫻丘咖啡（桜丘カフェ）

地址：東京都澀谷區櫻丘町 23-3 篠田大廈 1F

電話：03-5728-3242

交通：搭乘 JR 山手線，在「澀谷」站下車，從西口出去後，步行約 4 分鐘可達。

營業時間：早餐 08:00 ～ 11:30、午餐 11:30 ～ 15:00、山羊偶像時間 15:00 ～ 17:30、晚餐加
　　　　　上消夜 17:30 ～ 04:00。

# 機器人餐廳

● 東京

機器人餐廳一樓入口處

　　常去東京旅遊的人一定知道，新宿歌舞伎町裡有不少推陳出新的特色餐廳，其中最有話題、紅到海外的餐廳，就是「機器人餐廳」。這間主打機器人秀的餐廳，不但是媒體寵兒，更是日本偶像明星，甚至美國好萊塢大咖指名造訪的餐廳。據說是由一位身材火辣的女老闆斥資 100 多億日幣打造，餐廳裡的秀和表演，精采程度堪稱東京之最。

　　機器人餐廳從早上 9 點就有工作人員在裡面準備，一樓進去後可以看到一匹閃閃發光的機器馬，全身貼上金片的馬放在入口，讓客人一走進去感受就截然不同。搭乘電梯往下，門一開，我簡直嚇傻了，場內到處都是 LED 燈，四周貼滿了金屬和反光鏡，進去後，我連電梯和出入口都分不出來了。表演開始前，工作人員帶我們到休息等候區，光是此區的豪華程度，就如同皇宮一般，為了怕客人等候時太無聊，店裡還安排了 Show Girl 演奏樂器。店裡每天平均有四場表演，場次和時間會隨著季節不定期調整，一場表演總共有 132 個位置，對號入座。座位是在左右兩側，表演的舞臺則在正中間。

　　終於等到表演開場，一群日本女生戴上假髮，在戰車上打太鼓，傳統祭典裝扮的辣妹用力打鼓，敲出令人震撼的鼓聲，讓我們聽得心臟怦怦跳。接下來還有類似臺灣傳統的舞龍舞獅陣，以及各種類型的機器人陸續登場，像是機器恐龍、機器鯊魚、機器熊貓，其中穿插真人辣妹扮演的機器美女，更有身材火辣的年輕女生騎在

● 1 超大美女機器人近看非常震撼　2 各種機器人都能表演　3 機器人餐廳的便當菜色
4 看完表演與機器人合照　5 非常震撼的美女太鼓表演

美女機器人搭配耀眼的水晶馬

服務生販賣各種酒精飲料

機器馬上演唱一連串組曲。之後就是真槍實彈的機器人擂臺秀，上場的機器人對戰，揮拳、轉身踢腿，拚命要一爭高下，現場竟然還有鋼鐵人和怪獸酷斯拉，每個機器人身上發出炫目的亮光，餐廳還會發螢光棒，讓客人和表演者同樂，整家餐廳就如同真人版的動漫世界！

　　最讓人激動的就是美女機器人出場的瞬間，擬人化的巨型美女機器人，眼耳鼻口、五官臉部細節都用機器串連起來，可以由人操控做出最細微的動作，朝著客人微笑、拋媚眼，超豐滿的胸部是用矽膠製成，按下按鈕，胸部還會跳動呢！巨乳機器人可以讓真人坐或站在上面控制，工作人員拿了高臺階梯讓我慢慢踩上去，兩手的位置就是操控臺，前進後退、發射飛彈都能照著自己的掌控動作，似乎立刻變身成電玩裡的人物，好有成就感。老闆娘說，這麼美豔的巨乳機器人，每臺造價 1 億日幣，平常的維修費也相當驚人。而除了機器人之外，這裡的每個舞者也都非常專業，很多都是從迪士尼高薪挖角來的，身材火辣的老闆娘，有時也會盛裝打扮，親自上場表演。

　　大約 1 個半小時的表演，一個人要價 7,000 日幣，若要點餐得另外再加 1,000 日幣，通常是一個便當和一罐飲料。餐廳非常受歡迎，必須事先預約，建議去日本前，在網路上先預約訂位，餐廳網址有中文版本，非常方便。

INFO

機器人餐廳

網站：www.shinjuku-robot.com
地址：東京都新宿區歌舞伎町 1-7-1 新宿機器人大廈 B2
電話：03-3200-5500
交通：搭乘地鐵丸之內線或副都心線，在「新宿三丁目」站下車，
　　　從 B9 出口出去後，依照店招牌指示，步行約 5 分鐘可達。
營業時間：16:00 ～ 23:00

# 電視冠軍
# 矇眼茶道

商品陳列架上有各式各樣的日本茶

● 靜岡縣
　靜岡市

110

　　矇著眼，只憑香味就能分辨出千百種茶葉品種？這可不是魔術，這是日本靜岡縣的真人真事。這位神奇的茶葉達人，在靜岡開了一家茶葉及茶點專賣店，造訪的民眾除了能夠品茶、享用美味的茶料理之外，還能親眼目睹茶葉達人的神奇表演。

　　靜岡的水源乾淨，出產的茶葉全日本知名，在靜岡這位茶葉達人，不僅精通所有茶葉知識，還拿過日本知名選秀節目「電視冠軍」舉辦的茶葉達人比賽冠軍第一名，同時參加多次茶葉比賽獲得冠軍。名叫「前田富佐男」的茶葉達人，有一項最令人嘖嘖稱奇的特異功能，就是能聞香辨茶，即使矇住眼睛不看茶葉的外觀，光是聞味道然後品一口茶，就能分辨出茶葉的品種和產地。

　　前田開了一家店，一樓販賣各種茶葉和特製甜點，二樓是供客人品茶用點心的茶空間，有桌椅、和式座位，裝潢樸素又很有文化氣息，一走進去就讓人感到心境放鬆，裡面可同時容納 18 個人。電視冠軍茶葉冠軍「前田富佐男」，還會定期在店裡舉辦茶講座，時間是每月第三個週日下午 2 ～ 3 點，茶冠軍會分享關於靜岡茶葉的品茶方法，或是介紹全日本最稀奇珍貴的茶，每月主題不同，每次講座除了能夠品嘗茶冠軍泡的茶之外，還能享用店裡特製的各種茶點。

　　聽說前田的特殊能力，我們當場準備了十種不同茶葉，於茶杯底下貼上號碼，然後前田用布矇住眼睛，在沒有任何提示下，品嘗每一杯茶，立刻說出茶葉的品種及產地。前田把每杯茶拿起來聞聞茶香，只喝一口，就正確回答出來，讓大家又驚

1 茶道冠軍開的小店　2 茶道冠軍端出杯子，讓遊客當場見識到他光憑顏色味道，就能分辨茶種的功力
3 電視冠軍露出自信的笑容　4 適合夏天飲用的日式泡茶　5 甘甜中帶著少許澀味的日本茶

冷泡茶也能依照顏色分辨出茶種

抹茶小點心很受歡迎

又喜，大聲鼓掌叫好。在二樓茶空間裡品茶，除了熱茶之外，也有特製的冰茶，夏日炎炎來上一杯，可以瞬間消暑。如果要外帶，還有抹茶、煎茶等茶葉禮盒，或者懶人用的茶包，讓你把日本冠軍茶帶回臺灣，隨時品嘗。

　　前田開發的茶點非常美味，其中名為「茶っふる」的茶果子最受歡迎，這是日本昭和時代發展出來的家庭甜點，形狀有點像餃子，用類似銅鑼燒或鬆餅的外皮，包裹各種不同茶種製成的內餡，有的在內餡裡還會加入櫻花、草莓、栗子、橘子、巧克力等配料，每種吃起來都有獨特的茶香，濃郁香甜，配上一口靜岡茶，剛好中和茶的微微苦澀，滋味令人難忘。另外，限量於秋冬販賣的靜岡茶布丁，也是推薦必吃單品之一，表面脆脆的焦糖，搭著裡面軟嫩香濃的茶布丁，非常值得一試。如果是夏天造訪，不妨單點抹茶霜淇淋，或者加入紅豆的抹茶聖代。另外，店家還推出各種富士山形狀的茶點，如「富士丸君」，就是在茶葉糕餅上挖個洞，然後淋上巧克力醬或撒上杏仁脆片，讓糕點形狀像富士山一般，造型可愛，一個 150 日幣，很適合當成伴手禮帶回家。

---

Ⓘ Ⓝ Ⓕ Ⓞ

**前田金三郎商店「茶町 KINZABURO」**
地址：靜岡縣靜岡市葵區土太夫町 27 茶町通り
電話：054-252-2476
交通：JR 靜岡站轉搭靜鐵西部循環中町巴士，到「安西二丁目」站下車，步行約 2 分鐘可達。
營業時間：平日 09:30 ～ 18:00、週日或國定假日 10:00 ～ 17:00。週三公休。

# 黑大蒜與
# 紅心精靈果

青森縣
五所川原市

黑大蒜的外表像是煙燻過

　　很多人都知道日本青森蘋果，但其實青森蘋果當中，有個很神奇稀少的品種，叫做「紅心精靈果」，外表長得跟一般蘋果差不多，就是個頭小了點，大小剛好可以握在手掌上，最特別的是，精靈蘋果不僅外皮是紅色，就連枝葉和花，還有裡面的果肉竟然都呈紅色。傳說吃下精靈果，將會有不可思議的事情發生在你生活中！

　　精靈果從中間橫向剖一半，果肉切面就像一朵花般，向外開出紅白色的花瓣形狀，當地人說，就像是有小精靈住在蘋果裡。其實這個從裡紅到外的精靈蘋果，是青森縣五所川原市改良生產的新品種，只在當地栽種生產，小小一顆很有光澤，果肉較軟，整顆鮮紅透白，看起來似乎真有種妖精的魔力。精靈蘋果營養成分比一般蘋果來得高，鈣質、花青素、膠質等成分是普通蘋果的 4 倍。精靈蘋果的產量不多，非常稀有珍貴，不過味道較為酸澀，當地人建議，先把蘋果放入塑膠袋裡，再放進冰箱擺個幾天，除去酸澀後再來享用。為了嘗試原味，我們買了一顆，當場切來吃，果肉很軟有點像桃子，味道的確比較酸澀，卻另有一番滋味，主要是切開來時，看到鮮紅的蘋果肉，真的會感到很驚奇。

　　店家說，精靈蘋果通常用來製作果醬，鮮紅欲滴的蘋果醬酸酸甜甜，非常受歡迎；或者也有不少廚師指名用精靈蘋果來入菜。精靈蘋果自然酸甜的口感，榨成汁很熱賣，蘋果協會還拿來做成蘋果紅酒和蘋果花茶，每項商品數量都不多，非常搶手。各種精靈蘋果的商品中，最奢華的一道料理就是精靈蘋果派，用掉整整 4 顆精

● 1 黑大蒜表皮呈淺褐色　2 剝開皮後,整顆大蒜都是黑色　3 小巧的紅心精靈果
　4 紅心蘋果切開來是美麗的花瓣形狀

靈蘋果,蘋果餡料加入楓糖和肉桂,烤得酥脆後立刻品嘗,鮮甜微酸的香脆口感,讓這道精靈蘋果派被譽為世界少有的美味,當然價格也很驚人,一個精靈蘋果派要價 2,000 日幣,約合 500 多臺幣!精靈蘋果的研發者為了保護品種,不讓精靈蘋果的種子外流,只准在五所川原市栽種,每到精靈蘋果樹開花時,市內整條道路都飄著蘋果花香,紅花和綠葉妝點著街景,吸引不少遊客流連忘返。

　　除了紅心精靈蘋果之外,青森還有樣特別的產品,就是號稱黑金的「黑大蒜」。青森縣產的黑大蒜,是運用獨家研發的遠紅發酵,熟成 30 天,讓大蒜從原本的乳白色變成黑中帶褐。經過長時間的發酵熟成,大蒜裡的蛋白質被分解成胺基酸,碳水化合物變成果糖,醫學研究,黑大蒜的多酚和精氨酸比生蒜多出 10 幾倍,可以抗氧、殺菌、預防心血管疾病、抗衰老、抗腫瘤和增強免疫功能。表皮呈現褐色的黑大蒜,把皮剝開後,形狀像朵黑色的花,原以為這黑大蒜味道一定很強烈,沒想到聞起來沒有刺鼻的感覺,剝下一小口放進嘴裡咬,也完全沒有大蒜嗆辣的滋味,反而酸酸甜甜,像是蜜餞一般。

包裝好的黑大蒜，適合作為伴手禮

精靈果果醬

青森每年都會舉辦睡魔祭典

　　黑大蒜是青森的名產，相關製品在很多商店都能買到；紅心精靈果則只限定在青森五所川原市才能品嘗，想要同時體驗這兩種神奇果實，建議不妨到五所川原市的「立佞武多館」一遊。專門展示各種「睡魔」的立佞武多館，擺放著許多的「立睡魔」。青森的「睡魔」，是一種當地獨特的大燈籠，高達數十公尺、重達數十公噸，造型多樣，色彩繽紛，每年夏天也會舉辦「睡魔祭」遊行活動，很值得一看。到立佞武多館欣賞完「立睡魔」，可以選擇去體驗教室親自製作小燈籠，接著可以去一樓商店區，購買紅心精靈蘋果和黑大蒜當場品嘗，或者帶回臺灣與親友們一起嘗鮮。

I N F O

立佞武多館
地址：青森縣五所川原市大町 21-1
電話：0173-38-3232
交通：從新青森車站搭乘五能線電車，約 70 分鐘抵達「五所川原」站，出站後步行約 5 分鐘可達。
營業時間：4 月到 9 月 09:00 ～ 19:00；10 月到隔年 3 月 09:00 ～ 17:00。每年 1 月 1 日公休。另外，配合夏日祭典時間，營業時間會有所調整。
門票：立佞武多館參觀費用，大人 600 日幣、高中生 450 日幣、中小學生 250 日幣。如要體驗製作燈籠等，需另外預約、付費。

# 聖誕老人霜淇淋

北海道•
小樽

•北海道
富良野

聖誕老人霜淇淋的小店，前面有尊石頭小僧

　　造訪北海道的必吃美食，冰淇淋是其中之一。擁有乾淨水源、牧草和土地的北海道，生產的牛乳特別濃郁新鮮，用北海道牛乳製作的各種霜淇淋和冰淇淋，每一種都很受歡迎，在這裡也要介紹一種造型特殊的美味冰品「聖誕老人鬍鬚霜淇淋」。光看名字就覺得很不一樣，世界上真有聖誕老人？用鬍鬚做成的霜淇淋又是什麼模樣呢？

　　這是北海道登記商標，非常有名的霜淇淋，因為形狀和留著大鬍子的聖誕老人非常相似，而以此命名。霜淇淋的底座是切一半的哈密瓜，店家先把哈密瓜切半後挖洞，然後在洞裡盛上濃濃的霜淇淋，直到尖尖地滿出來。簡單來說，就是把一般霜淇淋的餅乾底座換成哈密瓜，倒著看，就像是戴著哈密瓜圓帽的聖誕老人，留著一大把白色的長鬍子那般。

　　哈密瓜是北海道當地所生產，甜度特別高，底座上的霜淇淋有香草、焦糖、綜合三種口味。用小湯匙品嚐，先挖一小瓢濃濃的霜淇淋，甜到心裡，再挖一口底下的哈密瓜，口腔瞬間充滿水果的清香，非常對味。一開始是以霜淇淋為主角，吃到最後，霜淇淋慢慢融化，就像哈密瓜淋上奶昔，哈密瓜反而變成主角，充滿香味的果肉咬下去很紮實，口感變化豐富。店家說，這是因為他們採用了北海道富良野的哈密瓜，一年有半數以上的時間都覆蓋在攝氏零下 20 度的白雪中，冬夏溫差讓富良野盆地生產的蔬果特別鮮甜飽滿，配上北海道牛乳製成的霜淇淋，才會恰到好處。

● 1 分量很大,兩三個人吃剛剛好　2 在窗口購買聖誕老人霜淇淋
3 聖誕老人霜淇淋作法,先在哈密瓜上挖洞,再加入濃濃的霜淇淋　4 霜淇淋代表聖誕老人的鬍子
5 香濃的聖誕老人霜淇淋,光看就很有滿足感

如果一個人吃不下半顆哈密瓜，也可以選擇四分之一大小的來品嘗；要是吃不夠，還可以選擇巨無霸聖誕老人鬍鬚，就是在半顆哈密瓜上注入 2 倍甚至 3 倍的霜淇淋，滿到幾乎快掉下來，保證吃得很過癮。聖誕老人霜淇淋，正常尺寸的香草口味一份 1,100 日幣，綜合和焦糖口味一份 1,200 日幣，四分之一大小一份 650 ~ 700 日幣。

遊客開心享用聖誕老人霜淇淋

品嘗過聖誕老人的鬍子，可以繼續挑戰「聖誕老人肚臍霜淇淋」，作法就是在同樣食材的霜淇淋上淋紅豆餡，一份 1,200 日幣，據說非常受男性喜愛。而如果要嘗試更不一樣的，建議點份「酷斯拉的鬍鬚霜淇淋」，在哈密瓜上加入霜淇淋後，再淋大量的巧克力醬汁，外表看起來的確和怪物酷斯拉長鬍子一樣，又炫又好吃。如果想吃「正常」一點的霜淇淋，這裡亦有哈密瓜奶昔香草霜淇淋，一杯 780 日幣。

創意十足的聖誕老人鬍鬚霜淇淋，在北海道有兩家店，一家是本店，位於富良野；另一家是分店，位於小樽市觀光景點「出拔小路」裡。店家因為發明聖誕老人鬍鬚霜淇淋等產品而大受歡迎，甚至為了這項商品設計了可愛的哈密瓜聖誕老人吉祥物當商標。另外，店裡以富良野當地產的新鮮蔬果著名，因此也有單賣哈密瓜、蘆筍、馬鈴薯、洋蔥、玉米等農作物，不少日本民眾會上網訂購，讓店家宅配到府。不過霜淇淋相關的各項產品，還是得到當地嘗鮮，體驗最甜蜜幸福的口感。

Ⓘ Ⓝ Ⓕ Ⓞ　サンタのヒゲ　Popura Farm

★富良野本店
地址：北海道空知郡中富良野町東 1 線北 18 號
電話：0167-44-2033
交通：JR「西中」站下車後，步行約 5 分鐘。
營業時間：09:00 ~ 17:00。11 月到隔年 3 月底公休。

★小樽分店
地址：北海道小樽市色內 1 丁目 1　小樽出拔小路內
電話：0134-34-1772
交通：JR「小樽」站下車後，往小樽運河步行約 10 分鐘。
營業時間：10:30 ~ 18:30。全年無休。

# 沖繩
# 怪味冰棒

石垣島

竹富島

雜貨店營業時間視老闆夫婦當天的心情而定

　　夏天到沖繩旅遊，享受陽光、沙灘、藍天的同時，一定會想品嘗透心涼的冰品。沖繩竹富島有家隱藏版的冰品雜貨店，沒有店名、也沒有固定營業時間，老闆和老闆娘起床後要看當天的心情和狀況，才決定開不開店營業，在店裡營業時段，老闆和老闆娘還會邊唱歌邊接待客人，連找錢時都一邊彈著「三味弦」（三弦琴），相當有個性。

　　這次造訪，很幸運地遇上老闆娘，小麥色的健康膚色配上深邃的五官和大眼睛，果然如網友所描述，是個漂亮可愛的老闆娘。老闆娘穿著一身大紅色短 T 恤，造型清爽，滿臉笑容地迎接我們，請她推薦店內商品，就拿起沖繩當地的樂器開始唱歌表演，還叫我也拿著類似響板的木製樂器打拍子一起唱，店裡氣氛瞬間如同戶外演唱會般。唱著唱著，老闆娘帶我們到店裡的冰箱前，推薦我們嘗嘗各種不同的冰棒。冰櫃裡放著五顏六色的冰棒，每種口味都很特別，老闆娘說，每支冰棒 100 日幣，細細的橢圓長條形，量不算太多，所以建議我們每種口味都嘗嘗看。

　　先拿起海鹽冰棒，咬一口甜甜鹹鹹的很開胃。老闆娘拿起綠綠的冰棒要我嘗嘗，看著上面標示「苦瓜冰棒」，有點抗拒地問，這很苦吧？老闆娘不等我說完，就把冰棒包裝撕開拿到我面前，只好鼓起勇氣試試看了，這苦瓜冰棒外表是青綠色，看起來有點像臺灣的情人果，仔細看冰棒上都是一塊塊切碎的苦瓜，起初我還擔心會苦苦的，一口咬下去，倒是意外清爽，小小的苦瓜塊很有嚼勁，據說除了冰涼之外，

還能降火氣，吃了對皮膚很好。接下來挑選的是黑糖冰棒，沖繩盛產的黑糖果然甜度很夠，冰涼甜蜜的感覺好滿足。老闆娘拿起香檬冰棒也要我們試試看，香檬是一種沖繩當地的水果，外表有點像檸檬和柳橙，口味也像兩種水果的綜合，酸中帶甜，製成冰棒果然很合適，相當消暑。外表顏色最鮮豔的就是火龍果冰棒，桃紅色帶白點，就像火龍果本身的模樣，滋味也不錯。鳳梨冰棒和芒果冰棒亦很推薦。另外，店裡也販賣各

每支冰棒只要 100 日幣

種竹富島當地的手作雜貨和小物，還有簡單的手作樂器等，東西雖然不多，但能從中找到稀奇好玩的小雜貨。

　　個性雜貨冰店沒有招牌、沒有電話，老闆娘說，他們不用賺很多錢，日子過得舒服自在隨興最重要，不管是賣東西或買東西的人都要開心，因此老闆有時甚至會用唱歌來回應客人的問話，逗得很多客人哈哈大笑。雜貨店沒有店名、也不公布地址及電話，想去的人得到當地問，不過竹富島不大，店也很好找，位於「なごみの塔」附近，就在最熱鬧的一條小巷子裡，看到雜貨店、聽到老闆唱歌就知道了。

　　而除了這家個性雜貨冰店之外，竹富島當地也有另一家很受歡迎的冰品店，店名叫做「パーラー ぱいぬ島」，意思是南島冰店，整家店是用鐵皮搭建而成，裡面簡單放了幾張木頭桌椅，地上就是白沙，進去吃冰就像在沙灘上吃冰那般很自然。店裡主要提供剉冰，有草莓、黑糖、芒果、抹茶、咖啡和哈密瓜等口味，如果只是淋上糖漿的基本口味，一碗要價 400 日幣，另外也可以選擇加上牛奶、紅豆、白玉（日式麻糬），一碗則要價 500 日幣。

INFO

パーラー ぱいぬ島
地址：沖繩縣八重山郡竹富町字竹富 417
電話：098-085-2505
交通：從竹富港騎自行車約 15 分鐘。
營業時間：10:00 ～ 17:30。不定期公休。

# 爆乳霜淇淋

● 北海道
札幌市

爆乳霜淇淋面向街邊的招牌

　　北海道札幌市有個隱藏版的霜淇淋，店家位於札幌市內最熱鬧的街道「すすきの」（薄野），但最不可思議的是，它並非霜淇淋專賣店，而是迴轉壽司店！真的沒搞錯，迴轉壽司店兼賣霜淇淋，而且賣到爆紅！這家迴轉壽司店賣的霜淇淋，還有個令人害羞的名字「爆乳霜淇淋」！

　　迴轉壽司店的外觀跟一般壽司店沒兩樣，在入口處，有個小小的外帶櫃檯窗口，上面橫掛著「迴轉壽司」的霓虹燈招牌，但招牌上卻擺著一個超大的霜淇淋燈，一閃一閃很顯眼，櫃檯下方的地上也擺著一個同樣的霜淇淋燈。而櫃檯上的招牌標示著迴轉壽司ぱさーる，下方卻更大而醒目標示著「爆乳霜淇淋」，旁邊還擺著一塊木頭招牌用粉筆寫著「北海道限定　爆乳霜淇淋　濃厚牛奶口味」。

　　初次去的客人，一定會搞不清楚，這家店到底在賣什麼。但其實，這家兼賣霜淇淋的壽司店，在當地非常受歡迎，中午不營業，專攻晚餐和消夜。壽司店老闆有一天突然靈機一動，想到可以在壽司店兼賣北海道限定的牛奶霜淇淋，於是設了霜淇淋窗口，沒想到意外地很受客人歡迎，不少店內客人吃完迴轉壽司後，再加點霜淇淋當作甜點；另外有很多在附近吃飯、喝酒到深夜的客人，想要解酒，就來買支霜淇淋外帶，邊走邊吃。至於為何叫做爆乳霜淇淋，老闆說，因為附近有很多小酒店和聲色場所，海報和店招牌都是身材豐滿的日本美女，想要小小幽默一下，於是把霜淇淋取名為「爆乳」；老闆強調，另外一個原因是，霜淇淋用料實在，採用濃

店內主要販賣迴轉壽司　　　　　　　　　　　　　因為商品名稱特殊而爆紅的爆乳霜淇淋

厚的北海道牛乳製成，把霜淇淋打得又尖又高，分量十足，外表看起來也很像乳牛厚垂的乳房，所以取名為「爆乳霜淇淋」。當然，這個一語雙關的名稱，也吸引很多人排隊，不少人買了霜淇淋，在吃之前一定要跟「爆乳霜淇淋」拍張照，上傳網路向朋友炫耀——吃到爆乳了！

　　初次造訪，店裡越夜越熱鬧，半夜三更客人擠滿店內，來到壽司店，當然得先嚐嚐壽司。點了鯛魚生魚片握壽司、生牡蠣軍艦卷和納豆生蛋軍艦卷，滋味鮮甜，配上老闆強力推薦的熱清酒一盅，微微刺激的嗆辣，讓海鮮的味道更突出，接著來一碗味噌海苔湯，美味又划算。最後決定在店裡坐著品嘗爆乳霜淇淋，於是走向櫃檯，按下爆乳霜淇淋專賣按鍵，不一會兒功夫，店員就把霜淇淋準備好，果然很「爆乳」啊！分量兩人吃都夠。嘗一口，甜而不膩的濃厚口感，真有北海道風味，客人可以選擇用餅乾杯裝，或者用紙杯裝，價錢不變，每支 300 日幣，就能夠嘗到「爆乳」的滋味。

INFO

迴轉壽司　ぱさーる
地址：北海道札幌市中央區南四條西 2 丁目　南 4 西 2 大廈 1F
電話：011-242-5567
交通：搭乘地下鐵南北線，在「すすきの」站下車，從 1 號出口出去，步行約 2 分鐘。
營業時間：週一至週四 17:00 ~ 02:30，週五、週六 17:00 ~ 03:30，週日或國定假日 17:00 ~
　　　　　23:30。

# 玉翠冰淇淋

● 北海道
  札幌市

多層口感的茶聖代

　　日本茶世界知名，北海道有間傳統正宗日本茶店，除了販賣各種茶葉之外，還開發出有趣的品茶方式，讓客人在店裡直接品茗。店裡最有名的就是讓日本茶可以「熱喝冷吃」，意思是把茶作成「茶泡飯」、「茶湯圓」、「茶霜淇淋」、「茶聖代」等產品，最特別的是，茶製品的口味和餡料每天不同，老闆說，要視當天的心情和天氣決定。

　　位在札幌市內的「玉翠園」，創業於昭和八年，至今已有 80 幾年歷史，老店由兄弟兩人共同經營，店裡除了不同種類的茶葉之外，還販賣各種茶具，老闆為了讓客人品嘗正統的日本茶，擺放了泡茶的桌椅，讓客人現場品茶。堅持用古早茶具，連熱水都以炭火煮沸，不管是茶葉的量，還是煮水燙壺，每個步驟都很嚴謹仔細。老闆動作優雅，店裡瞬間茶香四溢，第一泡是煎茶，淡淡的綠褐色看起來很清透，細細品嘗，舌尖和喉嚨感受到一股溫潤。老闆說，第一杯茶是暖身，接下來繼續燒水，把亮透的白米飯添入小碗，再放上「蝦夷鹿佃煮」（一種用北海道鹿肉調製熬煮成的肉醬），加上一些玄米，撒入少許海苔提味，最後再倒進熱滾滾的烘焙茶，輕輕攪拌一下，就是一碗完美的茶泡飯！濃縮的鹿肉醬帶著精煉的鹹味，配上茶香和北海道生產的白米，滋味飽滿豐富，讓人想再來一碗。不過老闆卻堅持，只能品嘗一小碗，因為接下來要讓客人轉換口味，享用店內最受歡迎的茶甜點。

　　看了半天，我們決定嘗試招牌茶霜淇淋，只見老闆拿出特製的甜筒，開始製作

● 1 昭和八年創業的玉翠園　2 賣茶的玉翠園門口放著冰淇淋形狀的燈箱　3 茶具也很值得收藏
　4 日式煎茶顏色各有不同

特調茶霜淇淋。甜筒本身帶點綠色，是加入抹茶所製成，跟一般的甜筒不同。仔細看，老闆先在甜筒裡加入抹茶蛋糕、米做的餅乾、幾顆香脆的玄米，再加入北海道十勝產的紅豆泥，最後才在上面打上高高尖尖的霜淇淋。第一口是甜蜜的北海道牛乳霜淇淋，再往下吃，嘗到紅豆泥的綿密口感，之後是抹茶蛋糕和冰淇淋的混合滋味，脆脆的玄米也增添不同口感，真不愧是用心製作每天限量販賣的茶霜淇淋！建議遊客到了店裡，一定要點支招牌茶霜淇淋來嘗嘗看。

　　老闆說，用茶做泡飯或甜點，得視天氣和心情進行微調。每天早上起床，老闆會先觀察戶外的天氣狀況，再看看天氣預報，是晴天還是雨天，氣溫幾度，都會影響當天的茶料理口味。如果天熱，老闆就會調整茶葉和冰品的比例，讓客人消暑，趕走夏日的疲倦感；如果天冷，老闆就會多做「茶湯圓」，也就是用熱煎茶、湯圓及昆布做成的熱湯，讓客人暖暖身子。茶泡飯和湯圓是秋冬限定；霜淇淋則是每天限量，由於手工製作、作法繁複，一天只能提供幾十支，相當受歡迎。招牌茶霜淇

用北海道鹿肉熬製的肉醬「蝦夷鹿佃煮」

招牌料理「茶泡飯」

淋還有個可愛的名稱，叫做「雪萌」。
另外，茶甜點還包括了抹茶霜淇淋、茶
聖代和抹茶拿鐵等，平均價格 400 日幣
左右。體貼的老闆還會詢問當天客人的
身體狀況如何，來調整茶葉的種類和口
味，如果剛好胃不太舒服，老闆會特調
暖胃茶品，讓客人放鬆身心；如果頭痛
頭暈，老闆則會做出鎮靜神經的茶或茶
點，幫助客人舒緩疼痛。

老闆會視客人身體狀況選茶泡給客人喝

　　老闆兩兄弟還會跟客人聊天，了解
客人的身體狀況和日常生活習慣，依此來建議客人購買合適的茶。店裡除了賣茶之
外，每天也會泡製最適合當季天氣的茶，冬天是熱茶，夏天則是冰涼的頂級茶，客
人只要帶著保溫杯或保溫瓶來店裡，支付 210 日幣，就能把最鮮美的茶帶著走。

玉翠園
地址：北海道札幌市中央區南 1 条東 1 丁目 1 番地
電話：011-231-1500
交通：搭乘地下鐵東西線，在「巴士中心」(バスセンター前駅) 下車，步行約 350 公尺。
營業時間：週一至週五 08:00 ~ 18:00，週六 08:00 ~ 16:00。

# 蜜桃冰淇淋

西表島

用手就能輕易採收的蜜桃鳳梨

　　到沖繩旅遊，推薦大家一定要嘗試當地產的「蜜桃鳳梨」，這是沖繩產的鳳梨品種，結合了蜜桃的香味和鳳梨的果肉，可當水果直接品嘗，也可以做成冰品甜點，或者拿來加在沖繩著名的泡盛酒裡，變成鳳梨泡盛酒。這裡要為讀者介紹的是，到沖繩的西表島採鳳梨，自己動手做鳳梨冰！

　　沖繩西表島一年四季都很溫暖，氣候宜人，暖陽照射著豐饒的土壤，每年春天都會孕育出許多美味的南國水果，尤其是沖繩的自然環境非常適合栽種鳳梨，種植出來的鳳梨甜度高，有種獨特的蜜桃香味。而沖繩西表島的度假村，每年春天都會舉辦「春天鳳梨祭典活動」，用各種創意來呈現鳳梨的美味。

　　住宿在度假村的客人，抵達飯店後，工作人員首先會送上「Welcome鳳梨剉冰」，讓你清涼消暑一下，舒緩舟車勞頓。如果覺得鳳梨剉冰好吃，在住宿期間還可以隨時請飯店送到房間享用。另外，房間裡的擺飾裝潢，也都以鳳梨為主，擺放鳳梨形狀的裝飾品，就連浴室的沐浴乳、洗髮精等用品，也都是鳳梨香味，整間客房飄著鳳梨芬芳，很有南方島國獨特的風情。晚餐時，還能品嘗鳳梨做的泡盛酒，嗆辣的泡盛酒融入鳳梨的香甜，滋味非常迷人，有趣的是，這鳳梨泡盛酒的酒杯，也是鳳梨形狀的，令人會心一笑。

　　喜歡鳳梨的人，可以參加度假村安排的採鳳梨半日遊行程，由工作人員帶著報名的團員直接到鳳梨園裡採鳳梨，帶回飯店親手料理，做成蜜桃鳳梨冰。採鳳梨行

● 1 現採現吃的蜜桃鳳梨　2 甜美的蜜桃鳳梨　3 蜜桃鳳梨園老闆熱情推薦

程一個人報名費 3,780 日幣（小孩是 2,700 日幣），體驗採收約 1 個半小時左右。到鳳梨田，建議大家穿長褲和薄長袖，以免被鳳梨的葉子割傷，另外最好戴頂帽子遮陽。從度假村到鳳梨田開車約十幾分鐘，一整片鳳梨田看起來黃澄澄的，別具風情。

　　這天鳳梨田的老闆親自接待，先為大家說明沖繩鳳梨的特色。老闆說，沖繩鳳梨的個頭比較小，品種叫做蜜桃鳳梨，一顆重量約 400 ～ 800 公克，果肉較白也較嫩，甜度很高，有一種特殊的桃子香味。老闆把小鐮刀遞給我們，教我們採鳳梨，原本以為不容易，沒想到輕輕一劃就將鳳梨採下來了，小小一個握在手裡剛好，我們當場殺來吃，裡面的肉果然跟臺灣看到的鳳梨不同，白白嫩嫩，一口咬下去很 Q 軟，連中間梗的部分都非常軟，又甜又多汁，多吃幾塊也不會刮舌頭。老闆說，蜜桃鳳梨是鳳梨界的小公主，又稱「牛奶鳳梨」，小巧甜美，產量不多，生產季節也只有短短兩個月，算是很珍貴的水果。我們採了一整籃，工作人員幫忙搬上車，載回飯店準備做鳳梨冰。

　　回到度假村，餐廳早已準備好擺盤、水果刀、冰淇淋等食材和用品。先把剛採

跟老闆一起切鳳梨準備做鳳梨冰　　　　　　　　蜜桃冰淇淋完成

收的鳳梨切成想要的大小，切成片或切成塊都可以，接著先挑選喜歡的冰淇淋口味，看是要香草還是巧克力等，舀幾球冰淇淋放在玻璃容器裡，再把剛剛切好的鳳梨隨意放進冰淇淋，要怎麼擺放都隨你喜歡，之後再淋上少許楓糖漿、巧克力醬，或是撒上一點玉米脆片和餅乾，就是一碗簡單好吃的 DIY 蜜桃鳳梨冰。一口鳳梨、一口冰，甜中帶酸的口味配上脆脆的餅乾，冰冰涼涼，真是炎炎夏日中的小確幸。如果不想吃冰，也可以把蜜桃鳳梨加上餅乾、蛋糕做成蜜桃鳳梨塔，口感豐富，保證難忘。

　　在沖繩當地有販賣各式各樣鳳梨相關產品，除了可愛的鳳梨造型玩偶之外，還有許多鳳梨美妝用品和食品，像是鳳梨餅乾、鳳梨霜淇淋、鳳梨酒等，很適合買來送給親朋好友。

　　度假村的鳳梨祭典活動，大約是每年 4 月到 6 月舉行，如果想要體驗鳳梨住宿、鳳梨美食和採鳳梨等活動，加上一晚的住宿、早晚兩餐、鳳梨剉冰和冰淇淋、鳳梨泡盛酒、鳳梨塔和鳳梨汁等各項服務，一個人要價 16,500 日幣，需要提前一週預約。

128

INFO

星野度假村 RISONARE　西表島
地址：沖繩縣八重山郡竹富町字上原 2-2
電話：050-3786-0055
交通：臺灣桃園機場有直飛石垣島的班機，到石垣機場後搭計程車或巴士前往乘船港口，
　　　從港口買票搭高速船，約 45 分鐘可抵達西表島上原港，再搭乘星野度假村的免費接駁
　　　巴士約 10 分鐘可達。

# 醉倒冰淇淋

● 北海道
　札幌市

冰淇淋加酒，很受日本女生喜愛

　　冰淇淋配酒是什麼滋味？這是北海道最受女性歡迎的新吃法。札幌有間知名的「冰淇淋吧」，結合了冰淇淋甜點和酒吧，白天是冰淇淋甜點專賣店，到了晚上則是提供冰品搭配各式調酒的冰淇淋吧，酒吧內的裝潢採用木頭為基調，感覺溫暖舒適，冰淇淋配上烈酒的創新吃法，也讓很多饕客趨之若鶩。

　　名為「企鵝堂」的冰淇淋店，專賣北海道牛乳製成的各種甜品，以冰淇淋為主，還有現場手作烘焙餅乾。店裡最特別的就是，分成兩個時段營業，中午12點半到下午5點，專賣冰淇淋和相關甜點；晚上7點到凌晨3點，就變身為浪漫氛圍十足的冰淇淋酒吧，把甜甜的冰淇淋和各式口味的聖代，搭配80種以上的調酒一起吃，讓很多女生一吃成癮。店裡客人大多是女性，白天店裡是三五好友聚會的好地方；晚上以女生最愛的冰品，配上適合夜晚的好酒，就成了姐妹淘深夜聊心事的祕密基地。小小的店面經常大排長龍，很受歡迎。

　　店的門面很具巧思，擺設了店家手作的創意小物，走進店裡，右手邊就是一個半開放的大烤盤，上面烤著各種可愛動物造型的小餅乾，烘焙的香味撲鼻而來，讓人心情瞬間放鬆。店內有個半圓形吧檯，另外就是幾張小桌椅，最裡面還有一個半獨立的小包廂。拱形入口上掛著花草綴飾，這間半開放的小包廂座位最受客人喜歡，必須提早幾天訂位。坐進去後，店長立刻遞上菜單，基本上是點選喜歡的聖代冰淇淋再搭配喜歡的調酒，就是一客套餐。老闆說，店裡有80多種調酒可以搭配冰淇淋，

● 1 超萌的動物餅乾現烤現吃　2 一進門就能看到這個大鐵板烤著手工餅乾　3 滿桌的小杯子都是不同的酒類
4 若酒量不錯，可以一次點多種酒類嘗試不同滋味

為了盡可能品嘗多種酒類，我們選了七種調酒冰品套餐，建議可以從酒單裡選擇有興趣嘗試的酒。

　　點單後沒多久，店員就每人送上一杯冰淇淋，長得有點像啤酒杯的冰淇淋，分量十足，是牛奶香草口味的，之後店員又送上七個小盤子，每個盤子都放上一個小牌子，寫著「梅酒」、「雪莉酒」、「白蘭地」等不同品名的酒。小盤子依照酒精濃度高低排序，而除了小盤子裝的酒之外，另外還附上一小杯茶和咖啡。店員示範吃法，先舀一瓢冰淇淋，原味不加任何東西，單純品嘗冰淇淋的甜蜜滋味，之後在冰淇淋上加幾滴紅茶或咖啡，品味甜中略帶苦澀的口感。

　　再來就可以嘗試各種酒類的滋味，先選擇酒精濃度最低的雞尾酒來試試看，用小湯匙在冰淇淋上加幾滴，一口下去，冰淇淋的濃香之後，舌尖出現淡淡的苦澀，搭配得很巧妙。接下來，我選擇金巴利酒，滴在冰淇淋上變成淡淡的粉紅色，吃進口中先是感到氣泡的小小刺激感，雖說是25％的酒精濃度，但因為只有少少幾滴，

這是最簡單的組合，一杯冰淇淋配上一種酒　　龍舌蘭和黑莓酒搭配冰淇淋

所以還不太有喝酒的感覺。之後我們選了什錦水果酒，酸酸甜甜的綜合口感還不錯；接著，舀了一小瓢「樂加黑加侖」；再來就是加入伏特加，這時已經感覺有點微醺，店長建議我們慢慢品嘗，因為冰淇淋很好入口，不少人會不小心一下喝太多烈酒，因而醉倒。試著試著，的確如店長所說，越來越有輕飄飄的醉意，心情愉悅。

　　最後一種叫做 Absinthe，據說是世界上酒精濃度最高的酒，濃度高達 70％！店長還特別提醒，這種酒又被稱為大麻酒，千萬不能加多，最多兩滴就夠了，否則可是很容易醉倒的。我們決定聽從店長建議，小心翼翼加兩小滴，一入口，強烈的口感果然名不虛傳！一陣暈眩直衝腦門，冰淇淋的甜味似乎更加強了烈酒的口感，烈酒加冰淇淋，真是絕配，香甜可口又帶點茫茫的感覺，讓身體很放鬆。搭配冰淇淋的酒單選擇很多，包括紅、白酒和香檳等，可以依照自己的喜好嘗試。

　　除了冰淇淋配酒之外，如果只想嘗試冰品，冰淇淋聖代就有 11 種不同種類，包括偏酸的葡萄或優格類聖代、以甜味為主的巧克力或紅茶聖代、加上芝麻和日式麻糬的冰淇淋聖代，或是楓糖栗子聖代，平均 1,000 日幣上下。又或者，也可以單點調酒，配上手工烘焙餅乾，細細品嘗，享受優雅自在的夜晚。

企鵝堂（ぺんぎん堂）

地址：北海道札幌市中央區南 4 條西 1 丁目 6-1
電話：011-261-2320
交通：搭乘市營地下鐵東豐線，在「豐水すすきの」站下車後，步行約 2 分鐘可達。
營業時間：12:30 ~ 16:45、19:00 ~ 02:30。週三、週日公休。

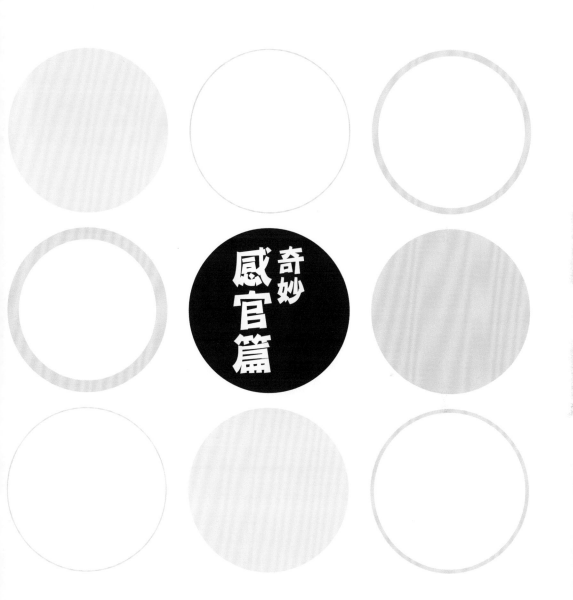

奇妙
感官篇

# 男女混浴
## 溫泉

男女混浴溫泉內

● 青森縣
青森市

　　到日本玩，一定要去泡溫泉，很多臺灣遊客對於日本全裸泡湯的文化不太習慣，但你相信嗎？日本竟然有溫泉是男女共浴！不分性別、年齡，所有人都脫得光溜溜一起泡溫泉，這景象光是用想像就讓人臉紅心跳。接著要帶讀者造訪日本古老的混浴溫泉，而我也親身體驗了這難以想像的男女混浴。

　　男女混浴的「酸湯溫泉」，位於青森縣青森市的山區，這是個有 300 多年歷史的老溫泉，傳說 1684 年時，有名獵人因為追逐一頭鹿，來到山裡，卻發現這頭剛被箭射傷的鹿，因為泡在溫泉裡治療，不但傷好了也已恢復元氣，朝著山壁一躍而上便逃走了，當時的村民就把這裡稱作「鹿之湯」，後來又改名為「酸湯溫泉」。這裡是日本第一個被政府指定的「國民保養溫泉」，溫泉池是用檜木建造而成，大浴場裡有 5 個溫泉池，其中男女共浴的池子最大，又稱「千人風呂」，最高紀錄曾有 15,304 名男女在此共浴。

　　男女混浴溫泉的入口，放了一塊立在地上的木頭招牌，上面畫著泡湯的男人女人，寫著「保護混浴協會之三原則」，分別是第一條，男性不能用好奇的眼光看女性；第二條，女性不能用好奇的眼光看男性；第三條，混浴不分男女老幼，以和為貴。溫泉旅館老闆說，混浴是古早居民彼此交流放鬆的活動，現在已經非常少見，因為想要保護混浴的文化，才會在門口立一塊招牌，讓泡湯的民眾以平常心來享受溫泉。

　　雖說是混浴，但大浴場的入口還是分成男、女兩處，女生可以從女性入口進入，

● 1 酸湯溫泉維持著古早建築主體　2 酸湯溫泉住宿房間　3 男女混浴溫泉　4 男女混浴的遊客享受泡湯樂趣

在女性專用的更衣室脫下衣服，再由更衣室連結浴場的小門前往溫泉區。入內後看
到的是木製的樓梯，走下樓梯就是淋浴區，在這裡先把身體洗乾淨才能進入溫泉池，
淋浴區和溫泉池中間有幾片木板屏風，不過只能當裝飾，遮不了什麼。我和朋友第
一次來體驗男女混浴，緊張得跟小偷一樣躡手躡腳不敢大動作，因為實在太害羞了，
淋浴完就迅速進入溫泉池，只露出一顆頭，不敢站起來。慢慢移動到浴場中最大的
「千人風呂」池，果然看到男男女女大方共浴，泡在溫泉裡很自然地聊天。我鼓起
勇氣走向前去，幾位看起來三、四十歲的日本男士很友善地向我們打招呼，寒暄一
番後，幾位男士站起身來，準備走去冷水池，這番景象可讓我和朋友看得心跳加速，
如此奇妙的體驗真是人生難得，來到青森旅遊的朋友，務必親自體驗看看啊！

　　「千人風呂」是酸性硫磺泉，淡淡的乳白色，泉質相當溫和，泡在其中還能聞
到一股檜木香，常來泡湯的老伯說，這溫泉對皮膚尤其好，泡完後皮膚滑嫩，能持
續好幾天。如果真的太害羞不敢男女一起泡，可以選擇早晚各 1 小時的女性專用時
段去泡湯。除了「千人風呂」之外，浴場裡還有兩個冷水池、一個名為「四分六分

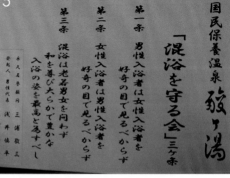

国民保養温泉 酸ヶ湯

「混浴を守る会」三ヶ条

第一条　男性入浴者は女性入浴者を
　　　　好奇の目で見るべからず

第二条　女性入浴者は男性入浴者を
　　　　好奇の目で見るべからず

第三条　混浴は老若男女を問わず
　　　　和を尊び大らかで豊かな
　　　　入浴の姿を最高と為すべし

永久名誉顧問　三浦敬三
発起人、賛同代表　浅井愼平

● 1 翻拍自男女混浴的海報照片　2 酸湯溫泉大廳　3 酸湯溫泉櫃檯　4 酸湯溫泉入口　5 男女混浴守則

男女混浴泡湯，大家看起來相當自在

男女混浴入口處掛著招牌，標明不能用奇怪眼光盯著別人看

之湯」的熱水池，以及一個名為「湯瀧」（湯滝）的池子。「四分六分之湯」號稱泡進去感覺比一般熱水來得燙，但起身後身體的熱度持續時間比一般熱水池來得短，只有 4 ～ 6 分左右。至於「湯瀧」則是水流從頭上往下沖，可以在這裡享受溫泉 SPA。

酸湯溫泉是日本積雪最深的地方，時常破紀錄

　　酸湯溫泉旅館是一棟古老的木造兩層樓建築，位於十和田八幡平國家公園北邊，八甲田山主峰的西麓，標高 900 公尺，夏天涼爽，冬天則常是日本東北積雪最深的地方。來這裡泡湯，建議可以預約一晚住宿附早晚餐，依照房間大小價格略有不同，一個人平均 8,000 ～ 14,000 日幣不等。旅館房間是老屋，內部都沒有洗手間和浴室，每間皆為鋪著榻榻米和紙窗的日式風格，非常適合都會人來放鬆身心。

**INFO**

**酸湯溫泉旅館**
地址：青森縣青森市荒川南荒川山國有林酸湯沢 50 番地
交通：從青森車站或新青森車站搭 JR 巴士約 1 小時 20 分鐘左右可達，站名為「酸ヶ湯溫泉前」，巴士票 1,300 日幣。另外，如果預約住宿的旅客，可事先向旅館預約免費接駁車到青森車站接送。

# 蘋果溫泉

青森縣
平川市

露天蘋果溫泉

　　日本青森蘋果，世界知名，又大又香，在臺灣售價也不便宜，算是蘋果界的頂級貨。價格不菲的青森蘋果，竟然有人拿來洗澡？在日本青森縣津輕，有家溫泉飯店，把大量的青森蘋果倒入溫泉池裡，讓客人泡「蘋果溫泉」，飯店還把青森蘋果拿來入菜，做成「蘋果饗宴餐」。

　　南田溫泉，是青森津輕當地的溫泉旅館，擁有 40 幾年歷史，原本是蘋果業者挖掘開發來供公司員工泡溫泉用的，後來才對外開放經營，為了強調當地盛產蘋果的特色，不但推出蘋果溫泉、蘋果餐，還把飯店命名為「津輕南田溫泉蘋果樂園」。飯店最有名也最值得推薦的就是青森蘋果溫泉，飯店工作人員每天兩次，運來大量的青森蘋果倒入溫泉池中，讓客人享受泡蘋果湯的樂趣。造訪當天，看著工作人員運來一籃一籃的蘋果，豪氣地全部倒進池子裡，溫泉馬上就飄出蘋果的香味，泡進池子裡，溫泉水細緻滑潤，身體四周圍繞著一顆顆紅通通的大蘋果，簡直就像貴妃入浴一樣奢華，比古代皇室還享受！

　　飯店業者說，蘋果浸在溫泉池裡，會把蘋果當中的果酸、亞麻酸和油酸釋出分解在溫泉水中，這三大成分，據說有保溼、促進血液循環和柔軟肌膚的功效，號稱是天然的化妝水。泡在冒著煙的露天蘋果溫泉裡，忍不住隨手拿起一顆蘋果聞香，再用蘋果來按摩皮膚，感覺身心徹底放鬆，真是頂級豪華溫泉浴！飯店表示，因為公司最早就是經營蘋果栽種和販賣生意，蘋果園裡常有熟成自然掉落的蘋果，或是

● 1 蘋果觀音非常有名，也是蘋果溫泉飯店的地標　2 和式房間裡還有蘋果汁供客人享用
3 每個房間內都附贈新鮮蘋果　4 蘋果溫泉光看就很有吸引力
5 每天更換兩次蘋果，讓溫泉保持水質清澈

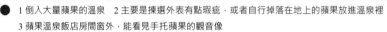

● 1 倒入大量蘋果的溫泉　2 主要是揀選外表有點瑕疵，或者自行掉落在地上的蘋果放進溫泉裡
　　3 蘋果溫泉飯店房間窗外，能看見手托蘋果的觀音像

外表有點缺陷賣相不佳的蘋果，業者決定乾脆把這些蘋果拿來倒進溫泉裡，蘋果浴推出後果然大受歡迎，不少海內外名人也曾來體驗。泡完皇室級的豪華蘋果浴，還可以嘗試這裡的竹炭溫泉，加入天然竹炭的溫泉，據說清潔效果特別好，很多人會選擇晚上睡前來到竹炭池，一邊欣賞星空美景、一邊浸在竹炭特有的沉靜香味裡，放鬆身心後保證能睡個好覺。如果想要單獨享受溫泉，飯店裡還有純檜木的包廂溫泉可以使用，一小時包廂費用 1,200 日幣。要是白天來，時間不多卻想要稍微享受一下蘋果溫泉，可以選擇到蘋果足湯，免費享受蘋果足浴體驗。

　　泡完蘋果溫泉，建議來一頓蘋果饗宴大餐，飯店推出的蘋果餐非常特殊，幾乎每道菜都用蘋果入味。首先來一小杯蘋果酒，酸甜略帶少許刺激的滋味，非常開胃。前菜有蘋果涼拌梅子肉和蘋果搭配的刺身，口感清爽；加入蘋果醬和肉餡的炸春捲，酥脆不膩；味噌和蘋果醬攪拌成餡料的厚蛋燒，鹹鹹甜甜恰到好處；其中最推薦的就是蘋果天婦羅，用豬肉餡加上紫蘇和蘋果油炸，外皮酥脆內餡實在。另外，蘋果

餐還包括蘋果蟹肉沙拉、蘋果茶碗蒸、豬肉蘋果雪見鍋等多道料理；最後的甜點有兩道，蘋果凍和蘋果大福，整份套餐分量十足。不過蘋果饗宴限定在每年蘋果採收季節的 10 月到隔年 3 月底左右提供，必須事前預約。

蘋果餐連飲料都是蘋果汁和蘋果酒

南田溫泉蘋果樂園裡，有溫泉、客房、餐廳酒吧和藝廊，其中還有個特別的景點，就是一尊「蘋果觀音」。約 10 公尺高的觀音像，轟立在飯店旁邊，底色是吉祥的金色，搭配雕刻出的青色服裝，左手高舉著一顆金色蘋果，彷彿在守護蘋果的故鄉，造型非常特別，神像底盤是以十二生肖排列而成。當地人說，這尊蘋果觀音，能保佑健康長壽，帶來姻緣，尤其對求子特別靈驗。飯店共有 24 間客房，都是和室，大小各不相同，每間房可容納 2 ~ 8 個人，房內還會附贈蘋果和蘋果汁歡迎客人入住。另外，這裡也有婚宴廳，不少新人會特意選擇在蘋果樂園結婚，讓一輩子最重要的儀式充滿蘋果的喜氣吉祥。蘋果樂園住宿一晚加上晚餐和早餐，一個人大要價約 1 萬多日幣。

蘋果樂園四周有不少觀光景點，如果住宿在此，建議可以順道前往觀光。其中很有名的「稻田藝術」，每年 7 月到 10 月時，長 145 公尺、寬 50 公尺的水田上，會創作成各種稻田巨型藝術圖案，田裡栽種著黃稻米、紫稻米和現代津輕米，三種顏色各不相同，也因此稻作成熟時，能被創作成各種不同圖案，每年都吸引許多觀光客造訪，巨大稻田藝術畫作距離蘋果樂園飯店約 15 分鐘車程。

141

津輕南田溫泉蘋果樂園（アップルランド）

網站：www.apple-land.co.jp/index.html
地址：青森縣平川市町居南田 166-3
電話：0172-44-3711
交通：從東北新幹線「新青森」站，轉特急つがる號在「弘前駅城東口」站下車，再搭乘免費接駁巴士約 20 分鐘可抵達飯店，接駁巴士需要 3 天前向飯店預約。

# 大噴湯溫泉

溫泉向上噴發高度很驚人

● 靜岡縣
賀茂郡

　　到日本泡溫泉不稀奇，到日本看溫泉噴發，才是一大樂趣！在日本靜岡縣有一個地方，溫泉水會自行噴發衝上 30 公尺高，如此奇景也讓溫泉成了特殊觀光景點，不少人來到噴湯溫泉，站在噴發的溫泉下，體驗「溫泉雨」。

　　被稱為大噴湯的溫泉，據說是在日本大正十五年形成的，當年的 11 月 22 日中午，突然砰地一聲巨響，民眾目睹一道溫泉從地底往上噴發，高達 50 公尺，震驚整個村落，而之後 80 幾年來，以每分鐘 600 立方的量，持續往上噴發攝氏 100 度的溫泉水，是全日本相當珍貴稀有的自噴泉。後來當地政府考量到周邊環境，設置了管道和閘口控制溫泉噴發的量和次數，變成人工控制，每天噴發 7 次，每次噴發 1 分鐘左右。

　　雖說改為人工控制，噴泉本身的力量絲毫不減，只要打開閘口，溫泉就立刻往天空噴發，高度平均維持在 30 公尺左右。噴泉後來被修建成一個噴泉公園，不用入場券，可以任意參觀，欣賞噴泉前，我們準備了雨傘，緊張興奮地站在噴泉下，等到溫泉一噴發，大家笑聲尖叫不斷，頭上持續落下溫泉水，像是天空降下溫泉雨，在溫泉雨中散步，空氣裡瀰漫著溫泉特有的硫磺味，感覺好特別。

　　來到噴湯溫泉，當然還可以用溫泉水來煮蛋，噴泉公園內設置了溫泉水槽桌，中央挖了一個四方形，內部的水管流出滿滿的溫泉水，把雞蛋放入小竹簍，再擺進冒著煙的溫泉水槽煮幾分鐘，就能現場品嚐香滑的溫泉蛋。最貼心的設計是，圍繞溫泉水槽桌的椅子，下面有溫泉水流過，冬天坐上椅子，暖呼呼的非常舒服。園區

● 1 大噴湯　2 站在大噴湯底下，一定得撐傘才不會被溫泉水淋溼　3 大噴湯旁邊圍出一區，讓民眾用溫泉水煮蛋
4 噴湯溫泉煮蛋

內還有足湯區，可以一邊欣賞溫泉噴發、一邊泡腳，很是放鬆愜意。噴泉公園內還有小商店，販賣溫泉相關商品和食物。

　　大噴湯公園附近有條溫泉街，日本知名文學家「川端康成」的小說《伊豆的舞孃》，就是以此處作為故事背景，遊客若有時間不妨順道逛逛。

INFO

峰溫泉大噴湯公園
地址：靜岡縣賀茂郡河津町峰 446-1
交通：搭乘伊豆急行電車，在「河津」站下車，再轉乘巴士到「峰溫泉」站下車，步行約5分鐘。
營業時間：09:00 ~ 16:00。週二、週五公休。

# 小海女
# 鐵道體驗

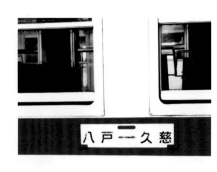

● 岩手縣
宮古市

車廂外觀

　　喜歡看日劇的人一定知道,日本曾經推出一齣戲劇《小海女》,爆紅到海外。戲劇的拍攝地點,就在岩手縣,這裡有條很特別的鐵道,貫穿岩手縣三陸海岸,鐵道因為戲劇《小海女》而跟著名聲大噪,鐵道公司也推出各種小海女鐵道體驗,讓遊客玩得盡興。

　　縱貫岩手縣三陸海岸的鐵道,分成南北兩線,列車有一般車廂和特別車廂。特別車廂的車輛有日式的「座敷車廂」,以及復古風的「懷舊車廂」,從久慈站到田野畑站,車程約 50 分鐘。座敷車廂裡是一張張的桌子和椅子,桌子下挖出空間讓腳可以伸進去,就像日式居酒屋。置身車廂內如同在日式餐廳裡,可以用餐、喝酒。車上販賣的餐點包括有名的海膽丼、海膽鮑魚便當、干貝魚子便當。另外,還有販賣一些零食小點心。海膽丼一客要價 1,700 日幣,價錢不算便宜,但圓形的飯盒裡鋪滿新鮮海膽,用料實在,又香又甜,還贈送一碗湯,值得品嘗。海膽鮑魚便當一客 1,600 日幣,干貝魚子便當則是 1,200 日幣,便當上都放滿新鮮魚子,也很受歡迎。

　　鐵道除了提供美食之外,最特別的服務就是,在列車上可以穿上小海女的衣服,體驗變裝的樂趣。自從 NHK 戲劇《小海女》在日本爆紅後,不少粉絲追星來到三陸鐵道搭車,還指名要穿上跟戲裡小海女一樣的服裝。我們當然也要來體會一下小海女的生活,穿上海女裝,頭上還綁上布條寫著小海女,大家開心地合照留念。穿上海女裝吃著海女便當,再望向窗外沿岸美麗的海景,很有日劇的氣氛。鐵道路線會

● 1 車廂一景　2 小海女列車外觀　3 一般車廂　4 久慈車站外觀　5 小海女列車車廂一景

● 1 車掌熱情歡迎乘客　2 列車上的特別驚喜，東北的鬼怪出來嚇人　3 小海女系列的海膽便當，味道很鮮美

經過許多隧道，而列車經過較長的隧道時，鐵道公司還安排了特別表演，在漆黑隧道中突然讓車廂裡的燈一閃一閃，營造恐怖氣氛，再讓扮成日本鬼怪的工作人員出現在車廂裡嚇人，給乘客一個驚喜。

　　懷舊列車的車廂裡則是使用絨布對坐的座椅和桌子，感覺很像復古西餐廳，車上除了販賣農家特產便當之外，還有當地有名老店生產的可愛甜點，指定座位車票加上便當或甜點，一人份 2,120 日幣。建議遊客從久慈站搭車出發，車站前的鬼怪和小海女人形立牌可供遊客合照，出發後列車會經過一整片海，可以欣賞沿岸風景。

至於特別車廂的行駛，依照時節有所變更，出發前請先詢問三陸鐵道公司，或是上官網查詢。

INFO

三陸鐵道（三陸鉄道株式会社）
官網：www.sanrikutetsudou.com
地址：岩手縣宮古市榮町 4 番地
電話：0193-62-8900

# 超萌牛郎店

各種牛郎店招牌看板

●東京

　　說到東京夜生活，海外遊客們最常造訪的就是新宿歌舞伎町，在東京居住10年，我最常去的地方也是新宿，這裡當然要為大家介紹一下，歌舞伎町裡最有看頭的夜店。走進歌舞伎町，花花綠綠的招牌，到處都能看到日本花美男的大幅照片，想要享受一下萌系花美男服務的體驗，不妨跟著我們去看看。

　　這裡要介紹一家日本連鎖花美男夜店，在東京、大阪都有分店，店裡主打擁有全日本最帥、最萌的花美男，除了豪氣裝潢之外，也強打安全形象，號稱出入都要檢查證件，保證環境單純，讓客人安心消費。每家分店裝潢風格不同，我們造訪的店在新宿歌舞伎町中心，店面約120坪，一走進去，帥到破表的日本花美男們排成左右兩列，像是迎接女王一樣盛大隆重，在花美男包圍下往裡走，帥哥們還唱歌拍手表示熱烈歡迎。引導客人入座後，花美男們奉上冰水、毛巾和菜單，讓客人稍作休息順便點餐。第一次去的客人有特別優惠，3,000日幣就享有喝到飽的服務。店裡也提供各種高級酒類，配上精緻小點。點餐後，店員會詢問客人喜歡哪種類型、長相、個性的男孩，然後自由選擇為你服務的花美男，沒多久，幾位帥哥同時出現，拿著麥克風邊唱邊走向桌子，簡直跟歌星沒兩樣。

　　基本上連鎖夜店有200名以上的花美男店員，有傑尼斯偶像系、暖男、萌系和搞笑系等不同類型。夜店把這些公關店員當成藝人在經營，每月票選最受歡迎的花美男，還幫前10名的帥哥發行衣服、手帕等各種個人商品，時常舉辦粉絲見面會，

還不定期安排帥哥們上節目錄影，或者幫最人氣的帥哥舉辦演唱會。花美男們還各自擁有粉絲俱樂部，公司會幫男孩們拍攝個人 MV、製作 Q 版動畫作品等，據說最受歡迎的公關，粉絲人數超過很多日本藝人，甚至有不少粉絲直接贈送現金、汽車、別墅，月入上千萬，要請他上節目演出，還得

對著客人唱情歌，讓來訪的遊客放鬆心情

提前很久預約。另外，這些帥哥們也常出現在日本時尚雜誌中，以各種造型的裝扮展示最新流行穿著，比很多模特兒還有知名度。

　　花美男除了唱歌、跳舞之外，最厲害的就是察言觀色，客人稍微搓搓手，他們就立刻奉上熱茶，輕聲詢問，是不是空調太強了？會不會冷？客人手上的飲料一放下，它們立刻把杯子上的水珠用毛巾擦乾淨，全程貼心服務。隔壁桌一位日本年輕女孩朝著花美男訴苦，說自己的上司多糟糕；另一位女孩邊哭邊訴說著自己失戀的傷心。店長說，這些花美男不僅外表時尚，其實都受過訓練，如何傾聽客人的各種煩惱情緒，比心理諮商還療癒。接待外國客人，花美男們更加細心，語言不通時，還會寫漢字或用肢體語言溝通，甚至有年輕花美男當場想要向我們學中文，我們也即興教學，感覺就像認識新朋友，挺有意思的。不過店裡有個特殊的規定，就是如果指名哪一位花美男服務，只要沒有服務不周，就是「永久指名」，日後每次到店裡消費，都會由同一人服務，店家說，這樣才能掌握客人的喜好狀況，提供最完善貼心的服務。

　　夜店的消費模式是，第一次、第二次前往，兩小時 3,000 ~ 5,000 日幣不等（依照分店不同），費用包括酒水喝到飽，但餐點選擇不多，建議先吃晚飯再去店裡小酌。

## CLUB AIR
地址：東京都新宿區歌舞伎町 2-35-9 和光大廈 B1
電話：03-5292-5804
交通：搭乘 JR 山手線，在「新宿」站下車，從東口出去後，往歌舞伎町方向，步行約 6 分鐘。
營業時間：19:00 ~ 24:00。週日公休。

# 龍穴探險

龍穴探險

　　你相信世界上有龍的存在嗎？日本東北岩手縣有個龍穴，古早傳說，幾百年前這裡曾是龍的居住地，洞穴裡至今充滿許多奇景和生物，龍穴後來也被命名為「龍泉洞」，據說只要喝下龍穴裡的水，就能延長壽命。

　　「龍泉洞」是日本三大鐘乳石洞之一，內有數百隻蝙蝠棲息，洞穴和蝙蝠皆被指定為國家天然紀念物。洞穴總長目前已知為 3,600 公尺，其中 700 公尺開放遊客參觀，而已發現的地底湖共有 8 個，其中 3 個開放遊客參觀。洞穴中還有很多未開發的地方，專家預測洞穴總長可能有 5,000 公尺以上。洞穴內有各種如同藝術品的鐘乳石，還有透明度令人驚艷的地底湖。龍泉洞地底湖的水，在 1985 年時被評選為百大名水之一，湖水的透明度世界少有。

　　我們在當地人的帶領下，來到龍穴準備進去探險，站在龍穴入口，就能感受到明顯的溫差，像是冷氣出風口般，冰涼的風從裡面陣陣吹來。往內走一會兒，就看見倒掛著的蝙蝠正在睡覺，日本友人說，這裡有至少幾百隻不同種類的蝙蝠，同時生活在一個洞穴裡，相當罕見，到了晚上，成群的蝙蝠一起飛出，景象可是會令人吃驚。我們小心翼翼安靜地走過熟睡的蝙蝠，繼續探險，腳邊的路時而狹窄又溼滑，眼前各式鐘乳石呈現奇特的形狀，有的像是觀音菩薩；有的宛如長著龜甲，稱之為「龜岩」；也有的看起來彷彿長著鬍鬚的龍，蟠踞著整片石牆，稱之為「龍之淵」，底下還連接著泉水，水深最深有 10 公尺。當地人稱這裡的鐘乳石洞為「月宮殿」，

● 1 越往下走，氣氛更神祕　2 洞穴裡打著不同顏色的燈，如同一場夢幻秀　3 鐘乳石呈現不同風貌
4 龍泉洞外的景色　5 龍泉洞上方的泉水

龍泉洞入口處

龍穴裡的水清澈見底

鬼斧神工、渾然天成，加上 LED 燈點綴，5 種色彩光芒交錯，如同夢幻世界。

走著走著，看見了長命泉，當地人說，祖先流傳的故事，喝一口長命泉水，可以延長 3 年壽命。姑且不論傳說真假，泉水清澈透明，不斷湧出，充滿大自然的力量。這裡的第一地底湖，水深 35 公尺，1920 年代，探險隊用小艇進入調查；第二地底湖，水深 38 公尺；而第三地底湖，水深 98 公尺，在 1967 年由調查測知深度，這也是現在觀光路線的終點，但此湖後面更深處，還有未經開發的地底湖。龍泉洞的地底湖水，因為被稱為長命水，就有當地居民引流到家中，長年飲用，也有不少人特意造訪，希望帶回湖水飲用。當地傳說，古老時代，洞穴裡住著龍神，龍神飛走後，留下了這個美麗的洞穴。洞穴還有一個不可思議的故事，就是在日本 311 大地震時，剛好身處洞穴中的維修員工，一點都沒有感覺到任何震動，卻親眼見到地底湖水突然掀起很高的水柱，接著湖水瞬間像是被吸乾一樣消失不見，又於數秒鐘後恢復。

洞穴參觀完畢，可以到附近的咖啡店，一邊聽著水聲感受涼涼的水氣、一邊品嘗湖水沖泡的茶或咖啡。小商店裡還有販賣純淨湖水製作的日本酒和飲料點心，讓遊客把天然純淨的滋味帶回家。龍泉洞全年無休開放參觀，門票大人 1,000 日幣、中小學生 500 日幣，包括龍泉洞和龍泉新洞科學館的參觀費用。

INFO

龍泉洞
地址：岩手縣下閉伊郡岩泉町岩泉字神成 1-1
電話：0194-22-2566
交通：從 JR 盛岡車站東口，搭乘 JR 東北線巴士，約 2 小時可抵達「龍泉洞前」站。
營業時間：08:30 ～ 17:00，5 月到 9 月 08:30 ～ 18:00。

# 暖爐列車

青森縣
五所川原市

雪地裡的列車

　　許多鐵道迷喜歡到日本各地朝聖，在日本青森縣有一條特殊的鐵道，分成不同季節推出限定版列車，只在冬季運行的是「暖爐列車」，車輛本身是傳統燒煤炭的老火車，只有兩節車廂，每年 12 月 1 日開始營運到隔年 3 月 31 日，從津輕五所川原站出發到終點站金木站約需 25 分鐘，每年往返三次，一個人的票價是 830 日幣。老火車燒煤炭，車頭頂上會冒出濃濃的煙，行進在一整片白色雪地中，像極了浪漫的電影場景。車子裡有老式的煤爐，旁邊就放著一盆煤炭，車掌小姐會隨時在爐子裡加入煤炭，車廂裡的爐子，放上烤架還可以用來烤東西吃，再配上當地限量的日本酒，邊吃邊喝還能聽三線琴表演，很適合三五好友一起搭車體驗。

　　我們從五所川原站上車，一進車廂就聞到獨特的煤炭味，暖爐的熱氣能暖手、也能烤食物，車掌小姐會戴著厚厚的白色布手套，直接用手把魷魚放在暖爐上翻烤，烤得又香又脆，再送到客人手上，熱熱品嘗。看著烤爐架，突然想烤點香腸或烤肉，不過車掌小姐說，為了怕太多味道影響其他客人，基本上不能自己帶東西上去烤，只能烤車內販賣的食品。吃著烤魷魚、喝著小酒，望向窗外一片雪白，氣氛很棒。或者，也可以在車廂裡買個暖爐列車便當來嘗嘗，用竹編的便當盒，外表看來就很吸引人，內有兩個不同口味的飯糰，另外還有魷魚、蔬菜與炸蝦等配菜，一個 1,100 日幣，味道還不錯，但得提前 3 天預約，一次至少要訂 2 個。

　　除了暖爐列車之外，津輕鐵道還推出了夏季限定的「風鈴列車」，每年 7 月 1

● 1 暖爐列車一景　2 古早暖爐維持原有風貌　3 燒著煤炭的暖爐　4 購買魷魚後可請列車人員幫忙烤

日到 8 月 31 日營運。風鈴列車的特色就是，在車廂內垂吊津輕金山產製的風鈴，每個風鈴上還掛著短短、寫著日本俳句的紙片。風鈴隨著車輛搖晃擺動，發出清脆悅耳的鈴聲，很有夏日風情。

此外，鐵道公司每年秋天也會推出「鈴蟲列車」，在車廂裡放置日本鐘蟋（鈴蟲），列車開動，鈴蟲發出特有的蟲鳴聲，充滿一種秋天的美感。這些日本鈴蟲由鐵道公司員工細心飼養，放在車廂裡，讓乘客聽著蟲鳴，隨著列車搖搖晃晃，放慢步調欣賞秋季美景，非常受歡迎。秋天搭乘津輕鐵道，不妨嘗試秋季限定便當，食材都是以秋天為主軸，用津輕米炊煮的飯，加上秋天的辣茄子炒肉，配菜還包括湯葉豆腐、芝麻醬菊花、鹽烤秋刀魚。不過秋天的鈴蟲列車營運時間，每年都會隨著鈴蟲的狀況進行微調，約從 9 月 1 日開始到 10 月中。

如果是春天造訪津輕鐵道，可以嘗嘗看「櫻花鐵道便當」，裡面的菜色有玄米做成的粉紅色櫻花飯、烤魚、厚燒甜蛋、竹筍和天婦羅炸野菜等。櫻花便當的特色為，外面的包裝紙是一張津輕鐵道沿線的地圖和導覽，很值得保存。由於津輕鐵道沿線

列車人員販賣紀念品

列車人員帶著乘客唱歌

公園很多，自然景色豐富，到了春天櫻花季，更是一片粉紅花海，不少乘客會點一份櫻花鐵道便當，在車廂內邊吃邊欣賞窗外的一片繽紛。提醒遊客，櫻花鐵道便當也是得提前 3 天預約，一次至少要訂 2 個。

乘客一邊吃著烤魷魚、一邊喝著暖暖的日本酒

另外，青森縣是日本文學家「太宰治」的故鄉，所以鐵道公司也有販賣太宰治鐵道便當，圓形便當盒裡裝的食材，據說都是太宰治愛吃的東西，包括青森產的海蘊、茄子紫蘇捲、蘆筍、烤魚、蟹肉等，便當外還會附上一張插圖，說明太宰治喜歡的菜色，相當有意思。太宰治便當飯販售期間為每年 6 月到 8 月，一個 1,100 日幣。

津輕鐵道列車班次不多，很多站是無人車站，但大多小巧安靜，四季景色分明，沿線可以下車到太宰治紀念館走走，或是到「道の駅十三湖」散散步，體驗北國風情。

154

津輕鐵道公司

地址：青森縣五所川原市字大町 39 番地
電話：0173-34-2148
搭乘資訊：往返「津輕中里」站和「津輕五所川原」站之間，沿線共 12 個站，其中 9 個站是無人車站。票價可能會隨時節稍作調整，建議可先上網查詢（tsutetsu.com）。

# 鬍鬚女孩店

●東京

漂亮的鬍鬚女孩，是店內很受歡迎的一員

　　到東京旅遊，很多人都會造訪歌舞伎町，五光十色、燈紅酒綠的歌舞伎町，到處都是小酒館，其中也有不少情色場所。這裡要為讀者們介紹的，是歌舞伎町一家非常有特色的酒店，店名叫做「鬍鬚女孩」。店如其名，裡面有至少80位「鬍鬚女孩」為客人服務。為什麼稱「鬍鬚女孩」？其實這正是一間「人妖偽娘酒店」，店裡的「女孩們」都曾是男兒身，有的做過變性手術，有的還沒動手術只在外表上扮成女孩。

　　走到店門口，在樓下就看到兩三個濃妝豔抹的鬍鬚女孩拿著店裡的旗子，站在入口處朝著客人微笑拋媚眼，五官細緻的女孩長得挺漂亮，除了個子高、骨架比較大之外，外表看起來跟一般女生沒兩樣。上樓後，鬍鬚女孩熱情接待，店裡提供各種服務，陪客人聊天的、搞笑逗趣的，還有每天兩場舞臺秀，鬍鬚女孩們在舞臺上裝扮各種造型，唱歌、跳舞加上演戲，讓客人盡情享受夜生活。

　　店裡有約80位鬍鬚女孩，有的美豔、有的骨感；有的頂著爆炸頭穿上豹紋走黑人路線、有的則是萌系的可愛女孩，還有扮相逗趣專門搞笑的女孩。聽說店裡有位70幾歲的鎮店之寶，我們馬上請店長安排，藝名為「米山孃孃」的鬍鬚女孩一出現，我們幾個當場被嚇壞了，眼前的這位鬍鬚女孩，簡直就像電影《倩女幽魂》裡的樹妖姥姥，妖氣沖天啊！米山孃孃一坐下就開始說笑話，還來個幾段即興表演，甚至趴在地上匍匐前進，讓全桌笑翻天。據說米山孃孃以前是個挺拔的公務員，年紀大了才發現自己想要轉換性別，於是開始當起鬍鬚女孩。店裡的鬍鬚女孩每個都很大

看表演、來杯酒，享受放鬆一下的夜生活

鬍鬚女孩店的鎮店之寶，阿嬤是中年後才發現自己的性向

方，客人問什麼問題都不避諱，就算問起變性的問題，女孩們也會一一回答，反而吸引不少死忠粉絲常來捧場。日本客人說，這裡的女孩們很開朗，表演也好看，能讓人忘卻壓力。

　　店裡從週三至週六，每天都有兩場舞臺秀，時間分別為晚上 7 點和 10 點開始。除了團體舞蹈之外，還有古裝秀，鬍鬚女孩們穿上日式和服或武士

鬍鬚女孩的店招牌

服，就像演舞臺劇一樣，又唱又跳又講臺詞，就算聽不懂日文也覺得挺有趣。店裡收費是以入場費計算，一個人 5,000 日幣（90 分鐘），包括酒喝到飽，延長費用為半小時 3,000 日幣。如果要指定哪位鬍鬚女孩服務，外加 2,000 日幣。店裡還有生日特別套餐服務和包場服務，讓團體客租場地辦宴會，店內空間除了舞臺之外，就是桌椅座位，最多可容納 60 個人。想要嘗試不一樣的東京夜生活，不妨來一趟，小酌一杯，看看鬍鬚女孩的表演，留下另類的旅遊回憶。

INFO

鬍鬚女孩
地址：東京都新宿區歌舞伎町 1-2-8 第 2 ウィザードセブンビル 5F
交通：搭乘 JR 山手線，在「新宿」站下車，往歌舞伎町方向，步行約 7 分鐘。
電話：03-5292-1275
營業時間：週一至週六 18:00 ～ 01:00

# 億元洗手間

來餐廳點份下午茶，參觀億元廁所開開眼界

●東京

　　造價上億的豪華廁所，你也想見識看看嗎？被選為日本珍奇百景之一的億元廁所，就在東京都內，如果到東京旅遊，推薦找時間去看看，體驗一下頂級洗手間使用起來是什麼感覺。

　　被稱為日本第一的廁所，位於日本東京目黑的飯店裡。這間名為「目黑雅敘園」的飯店，是日本第一個結婚婚宴會場，已經有 87 年歷史，飯店的行政套房面積約 25 坪，整體裝潢充滿藝術氣息，從天花板到牆壁，從室內到戶外的花園小河瀑布，四處妝點著珍貴的各種日本畫作和雕刻，典藏展示著不少古董藝術文物。飯店建築物被登記為國家固有文化財產，走進去不管在哪個小地方，都能感受到日式傳統與現代風混合的奢華情調，甚至還被稱為最豪華夢幻的「龍宮城」。日本小說家太宰治把這裡當作書中的舞臺，連宮崎駿的動畫電影《神隱少女》裡的湯屋，據說也參考雅敘園而設定。目黑雅敘園是日本人舉辦婚宴的聖地，每年平均舉辦 1,500 對新人的婚宴，也舉辦很多藝術展覽會。而飯店裡最特殊的「人氣景點」，就是一樓的廁所。

　　廁所入口比一般洗手間要寬敞很多，頂上的大幅東洋風情畫作，讓我誤以為這裡是個宴會廳。走進去後，發現整間廁所面積非常大，朱紅色調搭配金箔裝飾的裝潢，讓人感覺如同走進日本小說《源氏物語》的豪宅裡，似乎一轉身就能看見留著黑亮長髮、穿著和服的古代女子。古典屏風後是一座小小的拱橋，朱紅扶手的橋下，有潺潺流水，沒想到這廁所裡竟然還有一座小花園！走在日式庭園中，聽著柔柔的

● 1 光是走在裡面就有種日本貴族的體驗感　2 走道牆上都是細緻的日式藝術雕刻
　 3 廁所天花板金黃閃閃，每一幅畫都截然不同　4 廁所裡還有小橋流水　5 走過小橋後就是便器

億元廁所就在這裡，東京的目黑雅敘園

廁所入口的金箔畫作

古典音樂穿過小橋，裡面就是一間間廁所。每間廁所的門都用大紅油漆塗刷妝點，窗戶上是一個個雕工精巧的圖案，閃著七彩光芒。關上門，如此寬廣的廁所還真讓人不太習慣，抬頭一看，天花板上竟然是金箔雕出來的日本美女圖。聽說這間飯店在 1991 年時內部大規模重新裝潢，光是裝修費用就花了 850 億日幣！馬桶本身倒是現代化產品，自動

億元廁所的大廳擺飾豪華大氣

加溫沖水的馬桶座，旁邊還有個人專屬的洗手乳及擦手毛巾可以使用。到雅敘園的客人，有些並非為了住宿吃飯，不少人是特地進來喝個下午茶，然後好好參觀享用一下這裡的億元廁所。

　　雅敘園裡有日式料理和中式料理，下午茶餐廳在一樓，可以一邊品嘗美味餐點、一邊欣賞窗外的人工瀑布和花園小河美景。飯店還會按照季節推出不同的美食和參觀行程，比如說，提供女性客人漂亮的和服，穿著用餐，之後在飯店內參觀藝術品，自由拍照留念。

## 目黑雅敘園
地址：東京都目黑區下目黑 1-8-1
電話：03-3491-4111
交通：搭乘 JR 山手線，在「目黑」站下車，從西口方向出去後，朝下坡步行約 3 分鐘可達。

159

# 水牛觀光

石垣島

竹富島

水牛車一步步移動，享受緩慢旅遊放鬆的樂趣

　　人口普查有聽過，但你有聽過貓狗牛雞普查嗎？沖繩八重山群島的「竹富島」，因為面積只有 5.42 平方公里，人口也只有 300 人左右，又被列為國家保護區，所以在小島上，一切的人事物都得管制，不管是建築物、傳統文化、農耕收成，還是人口數，甚至連貓狗牛雞等動物的數量，都被立案記錄確實管理保護。少了一隻貓、多了一隻牛等，都要跟區公所報告登記，而公家單位也會每月進行普查，然後公布最新的人畜數量，形成珍貴少有的文化。

　　竹富島號稱日本最乾淨的島嶼，全島看不見垃圾，據說每年政府單位會進行兩次環境評比，審查員到民眾家裡檢查打分數，環境髒亂會提出警告，若警告無效，就會公開戶長姓名，因此號稱全日本最愛乾淨的地方，居民只要看到有任何垃圾，就會立刻撿起，隨時保持清潔。遊客到這裡，絕對不能亂丟垃圾，因為村民人數少，大家彼此都認識，如果不小心丟垃圾，所有的島民可能都會知道。居民說，小島要維持美麗的傳統風情不容易，他們也特別珍惜自己的小島。

　　小島是座珊瑚島，道路是白砂堆積而成，到處可以看見扶桑花和九重葛，暖暖的陽光加上南風徐徐，步調緩慢舒服。而這裡最有名的，就是全日本最聰明的水牛帶你觀光遊小島。島上的水牛車公司有兩家，坐水牛車遊小島，一次要價 1,200 日幣，坐上去後，車夫就會拿出傳統樂器三弦琴，開始唱琉球民謠，唱著唱著還會說故事，搖搖晃晃享受民謠音樂，清風吹來，宜人自在，很有度假放鬆的感覺。你可能會問，

● 1 獨棟 villa 庭園裡的扶桑花　　2 專屬於自己的 villa　　3 villa 庭園用珊瑚礁圍成矮牆
4 水牛車上駕駛阿伯會唱民謠、說故事給乘客聽　5 水牛阿花

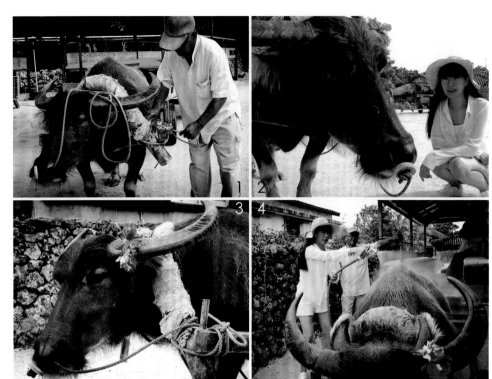

● 1 水牛車觀光　2 水牛很習慣與人親近　3 每隻水牛都會戴上鮮豔的小花
4 途中還得停下來幫水牛沖澡降溫

　　車夫彈琴、唱歌還要講故事，那誰來操作牛車？答案是，水牛自己！聰明的水牛，牢記觀光路線，何時要右轉，哪裡又要左轉，轉彎角度大時還得預留空間，這些牠都知道，從來不會出錯。

　　水牛在當地可是受到相當好的照顧，一天工作 8 小時，包吃包住還周休二日，工作時太累可以在水牛專用的涼亭下休息，躲避日曬，走到一半太熱，途中還有水牛專用休息站，附設的蓮蓬頭是讓水牛沖涼用的，車夫會在休息站幫水牛噴水洗澡，消暑降溫，待遇非常好。這天幫我們服務的水牛叫阿花，頭上戴了鮮紅的扶桑花，看起來很可愛討喜，阿花不僅牢記路線，上工時還會自己用鼻子將車頭的犁往脖子套。據說這裡的水牛，是昭和年代從臺灣進口，2、3 歲時就要開始調教水牛，早期用來拉車耕田，現在用來觀光。水牛的壽命平均 30 年，而拉水牛車的工作約維持 15～20 年左右，才會退休。

　　水牛車經過村落，眼前民房建築風格統一，矮矮的，每間都是石牆紅瓦，屋頂

● 1 竹富島的星野度假村，維持小島傳統建築的飯店　2 竹富島度假飯店一景
3 竹富島星野度假村內，每一棟都是獨立 villa　4 具有特色的珊瑚礁矮牆

上或門前還有風獅爺石雕擋煞驅邪，完整保留了早期沖繩的模樣。島上的傳統建築
聚落，被列為日本國家級保護區，而為了保存文化，這裡不能任意蓋房子或整修房
子，所有新建住宅必須申請許可才能動工，政府會補助鋪設屋頂的紅瓦，好讓建築
物保持一致的風格，建築物外側禁止懸掛任何招牌，而居民每天都會清理白砂道路。
這裡的居民人少但很團結，大家都得遵守「竹富島憲章」，要維持島上傳統，還不
能任意把房子、土地賣給島民以外的人，或者出租給不守秩序的人等。

竹富島上除了水牛車之外，還有腳踏車出租給遊客，一小時 300 日幣，租車店
會附上可愛的手繪地圖供參考。或者可以用散步的方式逛逛民家，累了則可以到小
冰店吃點東西、喝杯飲料，也可以到民俗中心體驗古早織布的文化。名為「ミンサー」
的織布技術，被翻譯成棉狹帶，意思是用棉織品縫紉製成狹長的帶子，古早年代，
當男女論及婚嫁時，準嫁娘會織布送給男方，含意非常浪漫。現在只剩下當地的老
奶奶們還記得織布的方法，而政府為保護三百年多的文化，開設了織布教室，把傳

住在 villa 裡，享受慢活假日　　　　　　　　　與自然共存，昆蟲、動物都不怕人

統手工發展成手提包和衣服等各種商品。

　　如果手頭比較寬裕，建議可以在竹富島的度假村住一晚，徹底調整平日繁忙的步調，融入島國悠閒的生活。「星野度假村」是竹富島上的頂級度假村，整個建築物完全比照竹富島的民家傳統，紅瓦石牆，白砂鋪地，每個房間都是獨棟的 villa，還有自己的私人庭院，面積約 90 坪的開放空間，可以一邊泡澡、一邊欣賞風景，或是在私人庭院的樹蔭下，享受南國島嶼的美好與悠閒。而除了獨棟住宿之外，度假村裡還有泳池綠地和花園餐廳，就像個琉球傳統聚落，我穿上度假村提供的傳統服飾，走在路上，好像回到了琉球王國時代，充滿濃濃復古味。不過在這樣超豪華舒適的度假村過一晚，得先準備好足夠的經費，平均一晚要價 10 萬日幣。

　　竹富島位於琉球列島的八重山群島，在石垣島的西南方約 6 公里，距離石垣島只需 15 分鐘航程，搭乘高速船 10 分鐘就能抵達，每小時有 3 班船往返竹富島與石垣島之間，這島雖小，每年卻能吸引 40 萬以上的觀光客造訪。

**星野度假村　竹富島**

地址：沖繩縣八重山郡竹富町竹富

電話：050-3786-0066

交通：從石垣機場搭計程車約 10 分鐘（約 1,100 日幣）可抵達石垣港，從港口搭乘高速船（670日幣），約 10 分鐘可抵達竹富島港，飯店會有免費接駁車接送，約 10 分鐘可抵達度假村。

# 孔雀高爾夫

竹富島

小濱島

打高爾夫常會遇到野生孔雀

　　到日本打高爾夫球，有很多不同地點可以選擇，這裡要推薦其中很特別的高爾夫球場，位於沖繩小濱島，是日本最西南端的球場。此處最不可思議的是，在打球的同時，球場裡會有野生動物自由出入，最多的就是純白的大孔雀，在球場的樹上跳來跳去，或者從眼前走過，堪稱最奇妙的高爾夫美景。

　　小濱島高爾夫球場，依照美國專業規格建造，是日本最溫暖的球場，整年氣溫平均攝氏 16 ~ 32 度，周邊又有北半球最大的珊瑚礁海岸圍繞，海景無敵。在球場上一眼望去，綠地連著藍天和海洋，似乎沒有邊際，讓人感受到無限放鬆舒暢。小濱島高爾夫球場裡到處可見細葉榕樹、扶桑花，紅黃藍綠點綴得恰到好處，球場內的草皮是紮實的桂冠草，橫向生根，讓每顆球都可以在果嶺滾動流暢不受阻礙。其中第 7 號球洞是日本最西的球洞，可以看到石牌寫著日本最西球洞；而第 12 號球洞是日本最南端的球洞；第 5 號球洞所處的果嶺上，則能看到寬闊的美麗海景。

　　小濱島高爾夫球位於八重山的原生林中，因此到處可見許多野生動物，夜裡在度假飯店園區內有蝙蝠飛過，白天在球場周邊的池子有綠頭鴨散步，最特別的是，球場裡到處都是純白的孔雀！初次造訪，看到白孔雀從我面前大搖大擺絲毫不怕人的走過去，簡直看傻了！工作人員說，島上以保護自然為使命，所以不只居民，就連來打高爾夫球的遊客，也會禮讓孔雀，打到一半有孔雀從果嶺邊走過，大家也會有默契地安靜停下來，讓孔雀「路過」，也趁此時欣賞白孔雀美麗的身影。

● 1 通往小濱島最高的山　2 山頂的小涼亭　3 俯瞰小濱島

高爾夫球場提供給住客使用，同時也開放給非住客使用，住客平日打一場要價 10,700 日幣，非住客則是 16,100 日幣。如果是週六、週日或國定假日，費用會提高約 3,000 日幣左右。球場有更衣室、淋浴間、休息設備，也提供球具和鞋子租給客人，球具一套租金 5,000 ～ 6,000 日幣不等，鞋子則是住客 540 日幣、非住客 1,080 日幣。球場開放時間，每年 4 月到 9 月 07:30 ～ 19:00；10 月到隔年 3 月 07:30 ～ 18:00，全年無休。另外，還有高爾夫包場制度，每年開放幾天讓貴賓預約。打球的遊客如果是全家出遊，球場還有托兒服務，供小朋友體驗動手做海島料理、海島貝殼藝術等課程，讓打球的家長放心。

除了打球之外，推薦行程就是騎自行車遊小島。整座小島面積不大，只有 7.84 平方公里，騎車到處逛也不會累。首先建議的行程是島上的至高點「大岳」，名稱聽起來很有氣魄，這座全島最高的山其實標高只有 99 公尺。在度假村租借自行車，往大門騎出去，右轉後直走，不久就看見山，將自行車停在山下，入口處有個類似傘桶的容器，裡面放了很多拐杖，記得拿一支上山，就算體力好不用拐杖支撐，也

3 4

● 1 日本最西端的石碑　2 剛好遇上小牛出生　3 度假村獨棟的設計氣派又貼心　4 高爾夫球場一景

能拿來防身擋一些野生動物，如蛇等爬蟲類。沿著石階向上，階梯大約只有 250 階而已，爬不到 10 分鐘就抵達山頂了。山頂有個涼亭展望臺，從這裡可以俯瞰整座小島和整片海，360 度的視野很寬闊，晴天時能看見八重山群島的全貌。展望臺旁有座石碑，上面寫著讚賞小島自然之美的句子，以及祈禱五穀豐收的歌詞。在展望臺稍作休息後，下山可以再回平地騎車逛逛。

　　小島上蜿蜒的小路，圍繞著甘蔗田，每年 4 月到 5 月還能見到野百合盛開，景色美得宛如電影片段般。騎車所到之處有許多放牧的牛和農舍，如果有機會，還能到農舍跟養牛的當地人聊聊天。我們經過牛舍，停下腳步，很幸運竟遇到母牛生小牛，牛舍主人說，這裡的牛是日本全國知名品種如神戶牛或松阪牛的培育地，小牛身價可是很高呢！如果不想騎車，可以租一輛電動腳踏車代步，兩小時 1,600 日幣。

　　另外，建議可以去看看的地點，就是「嘉保根御嶽」，距離小濱港騎電動車不到 10 分鐘，裡面有兩顆特別的石頭，據說是神明天降之石。居民說，當地流傳的說法是，兩顆石頭隨著巨雷聲響落到地面，石頭的名字分別為「雷石」和「力石」，

球場內到處可見孔雀的蹤影

樹上還有很多野生鳥類

能保佑農民豐收。橢圓形的兩顆石頭，重約 60 公斤左右，當地每年在這裡舉辦「結願祭」，感謝該年的收成，同時祈求來年豐收，如果連續晴天無雨，居民也會在石頭上灑水，或者搬起石頭再放下，透過這樣的儀式來求雨。也有一說，這兩顆石頭其實是隕石，所以才會有「從天而降」的傳說。

騎單車環島

　　打球、看孔雀，騎車遊小島，晚上回到度假村用完餐可別太早睡，推薦可以參加「Gala Welcome」的活動，在點著燈的池畔，吹著徐徐涼風，享用一杯免費的飲料，聽來自世界各處的旅人分享各自的故事，非常療癒。

INFO

高爾夫球場度假村

地點：星野小濱島度假村

地址：沖繩縣八重山郡竹富町小濱東表 2954

電話：050-3786-0055

交通：桃園機場直飛石垣島，從石垣島機場搭計程車到石垣島港口，再搭乘高速船約 25 分鐘
　　　可抵達小濱港，之後搭乘免費接駁車約 10 分鐘可達。

參考網站：risonare-kohamajima.com

# 櫻花鬼劍舞＋
# 七彩防火秀

● 岩手縣
北上市

當地傳統的鬼劍舞

　　防火演習，竟然用七彩水柱表演來呈現！五顏六色的水柱同時噴上天，日本岩手縣北上消防隊的七彩演習，因為獨特的創意，成了當地另類的觀光景點，每年在賞櫻勝地舉辦，主辦單位還會同時安排鬼劍舞，讓遊客永生難忘。

　　七彩防火秀的地點，就在岩手縣北上市北上川河畔，被稱為「陸奧三大賞櫻勝地」，是日本櫻花百選之一。走在北上川堤岸上，可以看到對岸一整排的櫻花隧道。1920 年，當地決定在北上川種植櫻花樹，而後發展成了現在的櫻花勝地。花開時，樹齡 80 年以上的染井吉野櫻花樹，沿著河岸邊排成 2 公里的櫻花隧道，美不勝收。公園整個面積約 293 公頃，裡面種植了一萬株的染井吉野櫻和山櫻，每年 4 月到 5 月間櫻花盛開時，會舉行「北上展勝地櫻花祭」。除了漫步賞櫻之外，還能搭船遊覽北上川賞櫻花，或者搭乘馬車賞櫻。另外，公園內還種了 10 萬株的杜鵑花。

　　櫻花祭時也會有很多小吃攤和遊戲攤販聚集，提供很多如大顆現烤牡蠣等美味小吃，不少遊客會買了食物和酒，在草地鋪上蓆子野餐賞櫻。櫻花祭活動中，會表演知名的傳統祭典「鬼劍舞」。這是當地重要傳統舞蹈，在 1993 年時被指定為日本國家無形重要民俗文化財。戴著五種不同顏色表情的面具，舞者扮成鬼，拿著刀，配合隆隆的鼓聲和笛聲起舞，現場近距離觀看，魄力十足。據說此舞原本是鎮魂之術，藉由鬼舞者的動作聲音，用力踩地鎮住惡魔、消除厄運、淨化環境。五種不同顏色的面具代表陰陽五行、五大明王。當地民眾說，雖說是鬼劍舞，但跳舞施術的

● 1 北上展勝地的櫻花　2 賞櫻看表演　3 不少攤子提供現烤美食，也有甜點如烤年糕可以選擇
4 鬼舞蹈氣勢磅礴　5 充滿力量的鬼舞表演

裝扮氣勢十足的鬼劍舞

每年 5 月，鯉魚旗飛揚

不是鬼，而是佛，所以面具上沒有角。如果碰上日本兒童節（5 月 5 日），這段期間會有無數的巨大鯉魚旗橫跨北上川，數百隻的鯉魚旗成排吊掛空中，景象壯觀。入夜，公園點燈，讓遊客能在園區內賞夜櫻，燈光將櫻花樹倒映在河面上，閃閃發光、柔柔晃動的櫻花，看起來別有一番風味。

搭船靠近觀看，還會被消防車噴出的七彩水柱濺得身上五顏六色

　　櫻花祭的必看亮點，就是活動當中每天都會表演的七彩防火秀。表演其實是北上消防隊的年度消防演習，隊伍盛大、人數眾多，一整排的消防車拉出水線，每條水管向上噴出不同顏色的鮮豔水柱，沿著河岸一整排的七彩水柱噴發，如同彩虹般美麗壯觀，搭船從河上欣賞噴水秀，幽默的消防員還會笑著向你打招呼，由於水柱威力大，小船上的乘客往往會被水濺得一身清涼。

**北上展勝地**

網站：sakura.kitakami-kanko.jp
交通：從 JR 盛岡車站搭乘東北新幹線，約 20 分鐘可抵達「北上」站，從東口步行約 15 分鐘。
　　　也可從 JR 盛岡車站搭乘東北本線，約 1 小時可抵達「北上」站，從東口步行約 15 分鐘。
櫻花祭舉辦時間：約在每年 4 月中到 5 月初，依照櫻花開花時間調整日期，出發前可先參考
　　　　　　　　網站上的祭典活動資訊。

# 暖男人力車

● 北海道
小樽市

車夫說每天鍛鍊身體，才有體力拉著車子跑

　　到觀光地旅遊，很多地方都會有「人力三輪車」服務，拉著車載你到附近遊覽。日本北海道小樽，在運河旁有很多這樣的人力三輪車，不過特別的是，這裡的三輪車夫都有共同的特色，皆為年輕力壯的暖男型帥哥，讓許多女性遊客慕名前來。

　　小樽運河的觀光起點處，停放著許多人力車，車夫穿著傳統服裝，戴著形狀類似斗笠的帽子，或者綁著頭巾，腳上踏著古早的兩指黑色布鞋。人力車以黑白紅三色為主，一次可以乘坐兩個人，頭上有頂棚供遮陽擋雨。初次造訪，想必會被人力車夫吸引，一個個身材壯碩的年輕車夫，全身肌肉線條明顯，滿臉笑容，讓人感覺溫暖親切，每個都是典型暖男。搭乘人力車遊小樽運河是一大享受，建議選擇 30 分鐘的行程，兩個人 9,000 日幣，車夫會帶著遊客周遊運河一圈，半小時剛剛好。如果是 1 小時行程，兩個人 17,500 日幣；10 分鐘的行程，則是兩個人 4,000 日幣。上車之前，車夫會先幫你把行李放到車後的置物箱裡，接著拿出小板凳，讓客人輕鬆踏上車，坐定後，帥哥車夫會輕輕在你腿上蓋上紅色毛毯，遮風保暖、也能防止走光。等準備就緒，車夫會先幫客人拍張紀念照，然後鑽進車前，慢慢抬起車子，動作相當輕巧，避免讓客人覺得不平衡而不舒服。

　　暖男車夫沿著運河拉車，一路上除了運河美景，也有北國傳統建築、老街風情，還會有些畫畫的長者、販賣手工小紀念品的攤販。每到特殊景點，車夫就會停下來，說故事給你聽，活靈活現地講解，讓人一瞬間彷彿回到了日本明治時代，感覺自己

● 1 人力車就停在運河旁，隨時可搭乘　2 人力車夫笑容滿面　3 人力車沿著運河邊繞行　4 出拔小路的入口
5 人力車就是當地招牌拍照特色

● 1 每到一個景點，車夫就會停下腳步，轉身向客人解說景點歷史故事　2 陽光暖男型的人力車夫
3 傳說中的炸雞店　4 比臉還大的炸雞

像是北方家族的大小姐，正要搭乘人力車去參加派對般。暖男車夫訓練有素，我才稍微咳了一聲，細心的車夫立刻放慢腳步詢問，需要喝水嗎？是不是風太大了？需不需要休息一下？眼睛笑成彎月的車夫說，他們平日常常跑步鍛鍊身體，也會做一些重量訓練來增加肌肉耐力，好讓身材更結實，而每天平均都要跑上 8 小時左右，還得保持笑容和專業。車夫說，車隊會要求車夫們加強常識，還要多念書，才能了解歷史，講解給客人聽，另外更得學習各國風俗民情，才能在幫外國人服務時，講幾句對方的家鄉話，逗客人開心。暖男帥哥拿起胸前的證件說，他的第二專長是中文，很喜歡服務臺灣、中國及香港遊客，也會用簡單的中文跟客人溝通。說著說著，暖男車夫有點臉紅害羞地說，他還是單身，希望有一天能遇到臺灣女孩，期盼有特別的邂逅。

坐人力車遊運河，還能以包車的方式，不限時間和路程，車夫會依照客人的希望拉車去運河四周任何指定的地方。有人會選擇先看看運河風景，然後去體驗手作

蠟燭、DIY 玻璃藝術品，或者參觀音樂盒工場。熟知當地景點的帥哥車夫說，他們拉車久了，有很多私房景點可以介紹給客人，於是推薦我們去找一家無敵炸雞店「なると」。暖男車夫熱情推薦，當然不能錯過，回到人力車終點後，我們步行前往尋找無敵美味炸雞店。

暖男車夫笑容迷人

　　人力車終點和起點是同一個地方，過個馬路對面就是車夫說的美食街「出拔小路」。過馬路後直走不到 1 分鐘，便看到路邊的招牌寫著炸雞店。創業超過 50 年的老店，專賣炸雞，現在的老闆已經是第三代傳人。店裡的招牌熱賣商品就是「半隻嫩炸雞」，有人點，老闆才會當場炸，因此炸出來的雞肉很新鮮，但也因為現點現炸需要時間，客人得有點耐心等候。鹽口味的炸雞肉質緊實有彈性，表皮炸得相當酥脆，裡面的肉汁完整保留，老闆炸好後會用紙袋包裝，有點像是臺灣夜市的炸雞排那樣，客人通常站在現場直接吃。熱騰騰的半隻炸雞味道很香，咬一口肉汁立刻滴出來，一份就是半隻雞，吃完很有飽足感，也有人會配上一杯生啤酒。當然，如果食量小，也可以單點雞翅或雞塊。半隻炸雞一份才 980 日幣，非常物超所值；紙杯裝的炸雞塊一份 320 日幣，雞翅一份 650 日幣，生啤酒則是一杯 500 日幣。

　　另外，我們的暖男車夫還推薦了當地人按讚的必吃肉包店，也在「出拔小路」裡，店名叫做「運河家」。車夫說，特色商品就是蟹肉包，一個 485 日幣，Q 彈的包子皮裡面是滿滿的蟹肉，口感鮮甜。如果還想吃甜點、買點什麼特別的，親切的暖男車夫也會很願意推薦或拉車帶你去，讓遊客體驗最專業的車夫服務。

INFO

人力車
車隊公司：えびす屋
地址：北海道小樽市色內 2-8-7
電話：0134-27-7771
交通：從 JR 小樽車站步行，約 15 分鐘可抵達小樽運河的中央橋，在此處搭乘人力車。

# 熊熊聰明牧場

• 北海道
登別市

牧場纜車入口處門前的熊標本

　　北海道有很多棕熊棲息，大家最熟知的一句話就是「熊出沒注意」。到北海道的遊客，想必不少人都希望親眼目睹北海道棕熊的面貌，在知名的溫泉勝地「登別」，有個非常特別的地方，能讓訪客和棕熊互動，近距離接觸，玩個過癮。名為「登別熊牧場」的園區內，養了一百多頭北海道蝦夷棕熊，不但能讓遊客貼身和熊面對面，牧場裡還有熊博物館、熊商店，讓造訪的遊客一次飽覽棕熊的生活全貌。

　　熊牧場位於四方嶺山頂，海拔約 560 公尺左右，從登別溫泉街往熊牧場得先走一小段山路，才會抵達牧場纜車入口處，這裡的大門前放了一隻棕熊的標本，將近 300 公分高的熊標本，張牙舞爪的模樣很有魄力，不少人會在入口先跟這隻大標本合照留念。走進館內先買票，然後準備搭纜車，纜車站裡還有很多張大型熊立牌，上面標示熊的名字和年齡、個性，原來這些是每年舉辦熊選美的優勝熊。纜車車廂小巧可愛，一車約可坐四個人左右，不過纜車靠站時間很短，所以得小跑步搭上纜車，約 10 分鐘的纜車路程，沿路風景很漂亮，下了車，深吸一口氣，空氣冰涼清新，完全沒有動物園那種異味，非常舒服。

　　大門口一進去，右邊是小熊區，剛出生沒幾個月的小熊，在裡面跑跑跳跳、爬上爬下、自由玩耍，看了讓人覺得很療癒。往中央直走，是熊熊表演區，每天有幾次熊演出，包括走繩索、踩高蹺等。面對表演區往左手邊走，就是熊群生活的地方，首先看到的是母熊區。像是小山谷一樣的區域，母熊們就在裡面躺著坐著、散步，

● 1 招招手，要求飼料　2 小熊盪鞦韆　3 每隻熊都盡力吸引遊客注意　4 聰明的熊會自己打開籠子拿取裡面的食物

或者在小水池玩水。人從上往下看，熊一看到遊客接近，就會擺出各種姿勢要食物。有的張大嘴用手指著嘴巴裡面，示意要遊客把食物丟進牠嘴裡；有的一手拉著腳、一手摸頭，吸引遊客注意；還有熊直接站起來朝著遊客不斷揮手，邊揮手邊指著自己的嘴巴表示想吃東西。熊熊的動作逗趣，讓很多遊客哈哈大笑。熊的模樣實在很萌，我們也忍不住買了幾包熊專用飼料，從上往下丟給熊吃，厲害的是，母熊自己會跟著食物的方向移動，每次總能讓遊客丟得很準，直接用嘴接住食物，吞進肚子裡。還有熊乾脆爬上樹，站在高處向遊客要吃的，管理員說，蝦夷棕熊其實很聰明，這些動作都是熊自己想出來的，沒有人教，久而久之，熊要食物的動作也就變成園區特色，吸引不少人來餵食。

　　看完動作、表情豐富的母熊，再往左邊走就是公熊區。同樣是山谷造型的棲息處，公熊不像母熊們那樣主動，把飼料丟進去時，通常會被四周飛來的烏鴉給攔截。繼續往前走，經過一個小隧道，裡面是「人籠」區，原來這裡是公熊山谷的中央，挖了一個洞，供遊客由隧道走進熊的家，四周用強化玻璃圍住保護遊客，玻璃上有

● 1 穿上北海道原住民服飾和熊標本合照　2 地獄谷　3 閻羅王廟

很多小洞，讓遊客可以把圓圓的飼料塞進小洞裡，直接送進熊嘴巴裡。只見巨大的熊靠近，和我們面對面，只有幾公分的距離，幾乎是隔著玻璃臉貼臉，感覺太震撼了！拿出飼料往玻璃上的洞口塞，熊嘴立刻靠近，熊呼吸的熱氣就直接噴在手上，還能聞到熊口水的味道，如果餵食的動作慢了，熊還會拍打玻璃催促你快點，這樣近距離接觸，實在是太難忘的體驗。熊飼料是用大豆和魚粉等營養食材混合而成，一顆一顆圓圓的像是餅乾，每袋 100 日幣，可以在隧道入口處的販賣機購買。

　　拜訪熊的家，嘗試了貼近熊的體驗，接下來可以到熊博物館裡走走。館內有很多熊的標本和骨頭，也有很多圖像影片說明蝦夷棕熊的歷史和故事。原來以前北海道真的非常多熊出沒，居住在當地的日本原住民愛奴族，也有獵熊或拿熊來祭祀的習慣，記得多年前有一次拜訪愛奴族人，他竟然用鐵鍊牽著一隻小棕熊出來散步，嚇壞一群人。後來為了保育棕熊，日本政府就在登別四方嶺這座山上，規劃了一塊原始保育林放養棕熊，演變成現在的熊牧場。從博物館出來後，建議到旁邊的愛奴村重現區去看看，小小的村莊內搭建著愛奴族傳統的茅草屋，據說愛奴族會把捕獵

到的大鮭魚曬乾，掛在茅草屋裡的屋頂上，讓屋子裡有種特殊的氣味。再往旁邊走是松鼠區和狸貓區，屬於可愛動物小區塊，很適合散步拍照。最後推薦到展望臺看看，搭電梯上到最高點後，眼前美景一覽無遺，周長 8 公里的巨塔拉湖（クッタラ）映著天空的整片蔚藍，一陣涼風吹來，心曠神怡，據說這裡的眺望能見度是全日本第二，達 28 公尺多，景色開闊。當然，離開前，別忘了到熊商店逛逛，能找到不少可愛的熊造型紀念品帶回家。

巨大的閻羅王像

　　參觀完熊牧場，不妨下山到溫泉街走走，登別溫泉街很有特色，路上可見很多幾公尺高的紅鬼藍鬼雕像，長著獠牙、拿著金剛棒的鬼雕像彷彿在歡迎遊客造訪。這裡還有個地獄谷，是一萬年前火山爆發形成的火山口，面積約 11 公頃，到處都是紅、黃、灰的岩丘，從岩石裂縫中噴出溫泉，充滿濃濃的硫磺味，遍地寸草不生，獨特景象宛如傳說中的地獄，也因此被命名為地獄谷。而在溫泉街上還有個「閻羅王廟」，大大一尊閻羅王表情嚴肅，讓人敬畏，每隔一段時間，這座閻羅王像還會「變臉」，配合音效挑動眉毛變換表情。

　　熊牧場的門票，大人 2,592 日幣，4 歲以上的小孩 1,296 日幣，門票包含上下山的纜車費用。至於參觀溫泉街或閻羅王廟都不用另外付費。

熊牧場
地址：北海道登別市登別溫泉町 224
電話：0143-84-2225
交通：從 JR 札幌站，搭乘 JR 特急約 70 分鐘可抵達「登別」站，接著搭乘道南巴士約 15 分鐘可抵達溫泉街，再步行前往牧場入口搭乘纜車上山。
營業時間：7 月到 9 月 08:00 ～ 17:00；4 月到 6 月、10 月到隔年 1 月 08:30 ～ 16:30；2 月到 3 月 08:30 ～ 16:00。

# 石頭長櫻花

● 岩手縣
盛岡市

粗壯的櫻花樹，紮實長在石頭裡

　　石頭裡竟然長出櫻花，每年春天還會固定開花？這是位於日本東北岩手縣盛岡市有名的「石割櫻」。在盛岡地方法院內，有個周長 21 公尺的巨型花岡岩，岩上裂縫長著一棵樹齡超過 360 年的櫻花樹，樹的直徑約 1.35 公尺，高度約 10.6 公尺，每年 4 月多就會盛開櫻花。

　　這棵奇妙的石割櫻，從 1923 年起就被指定為國家天然紀念物，據說在日本寬永年間（1624 ～ 1643 年），這個大石頭被放置在一個南部藩主的庭園內，某天石頭突然被雷劈中，裂開一個縫，剛好一顆櫻花種子被小鳥叼著掉進去，櫻花種子在石縫裡開始生長，慢慢長成了一棵大樹，從此每年春天都會繁花盛開，如此奇景吸引了很多人造訪。

　　我們選在櫻花季節造訪，走到地方法院的路上，遠遠就能看到一大顆巨石躺在法院門口，走近一點看，巨石的體積讓人驚訝，而從石頭縫裡，真的長著一棵粗大的櫻花樹，拿起相機在各種角度拍下這番奇景，四周不斷湧入參觀人潮，驚訝讚嘆聲不絕於耳。當地民眾說，老櫻花樹經歷 360 年，每年開花，近年由於年紀和自然環境影響，開出的櫻花已經不如幾十年前來得繽紛，也因此岩手縣政府取下石割櫻的枝節，在旁邊另外接枝栽種了石割櫻的小孩。幾株小櫻花樹圍繞在石割櫻四周，讓花開時節更顯熱鬧。

　　石割櫻長在地方法院前，四周不適合開店，因此大多旅客都是先到石割櫻拍照

東北奇景，石頭裡蹦出櫻花樹

留念，再移動到附近的土產店，購買石割櫻的相關產品，商店提供許多石割櫻造型的甜點和禮品，讓觀光客買回去作紀念。石頭開花的奇景，讓地方法院變成觀光景點，而如果事前和「公益財團法人盛岡観光協會」聯絡，還能預約免費的義工導遊為你解說石割櫻的歷史和故事，擔任導遊的通常是當地退休的爺爺、奶奶，態度很親切。

石割櫻
地址：岩手縣盛岡市内丸 9-1（盛岡地方裁判所內）
交通：從 JR 盛岡車站東口的巴士站，搭乘前往「盛岡巴士中心」的巴士，約 10 分鐘可抵達「中央通一丁目」站，下車後步行約 1 分鐘可達。

# 尋找雪怪

● 青森縣
八甲田山

纜車入口處外積雪很深

　　你相信山中真的有雪怪存在嗎？日本傳說中，在東北的高山上，住著一群可怕的雪怪，到了冬天，雪怪們在山裡出沒，更不時傳出有登山客被雪怪吞噬的怪談！雪怪到底是真是假，不為人知，不過青森縣的八甲田山上，每年冬天都會出現「雪怪奇景」，吸引不少遊客造訪，有人還特意深入雪山中，想要捕捉雪怪的身影。

　　奇特的「雪怪奇景」，其實正式名稱叫做「樹冰」，八甲田山冬季大量降雪，雪花一層一層蓋在又高又尖的針葉樹木上，由於雪質輕軟加上強風吹襲，白雪附著包裹整棵樹，讓每棵樹木看起來如同高大猙獰的怪物。遠看，成排的樹木就像一大群雪怪站在雪地裡，有的伸出爪子，有的看來像是張大了口，有的似乎還有獠牙，形成奇妙壯觀的景色，也被當地人稱作「雪怪奇景」。

　　八甲田山位於青森市南方，屬於火山山脈群，被列為日本百大名山之一，由火山熔岩形成的山脈，是世界知名的豪雪地帶。海拔 1,585 公尺的八甲田山，每年冬天都會降下大量白雪，嚴冬裡更是常出現驚人的暴風雪。我們首次前往造訪就是在 1 月裡的冬天，巴士開上山，被降雪覆蓋的山區，得用鏟雪車清出一條可通行的路，車道兩旁是高達 3 公尺的雪壁，窗外整片雪白，零下的空氣沉重得彷彿凝結，有種被凍結的獨特美感。巴士只能開到纜車站，之後要乘坐纜車才能上山。我們先在纜車站換上雪地登山裝備，穿戴毛帽、防水厚手套、雪靴，準備去找雪怪。纜車到站後門一開，冷冽的風雪迎面而來，皮膚感到一陣寒冷的刺痛，趕緊先躲進纜車休息

● 1 八甲田山向下望　2 尋找雪怪的隊伍　3 在樹冰中間也能滑雪板　4 傳說中的雪怪，樹冰

站裡，工作人員拿來了更專業的配備，面罩、護目鏡，還有能在雪地中順利前進的扁型鞋板，每個人再發放兩支類似滑雪用的雪杖，跟著導遊，踏上八甲田山頂的大雪裡。

　　要見到雪怪，得看老天爺給不給面子，如果剛好遇上暴風雪，猛烈的風吹雪會遮蔽視線，很難看清雪怪樹冰的模樣；如果放晴，陽光照射積雪，整個山頂就會如同銀白的夢幻世界，奇景一覽無遺。導遊會在前頭帶隊，教大家一步一步走近雪怪堆裡，高大的樹冰近看顯得沒那麼恐怖，有的形狀像頭大象，有的則像是卡通人物般生著長耳朵和大眼睛，雪花包裹著樹木，堆疊出奇形怪狀，可愛又喜感。輕輕一碰，樹冰外層的雪片掉落，剛降下的新雪軟綿綿，宛如雪花冰，導遊說，樹冰是經過多次降雪加上強風吹拂而成形，外層很軟，裡面可是硬得很紮實。

　　八甲田山的樹冰，是日本東北三大樹冰之一，每年 1 月到 3 月能夠觀賞到樹冰，除了 1 小時的樹冰健行之外，也有不少人搭纜車到山上滑雪，看著滑雪客穿梭在樹冰雪怪之間，顯得瀟灑自在。山上氣溫大多是零下，尋找雪怪的路程上，帽子、手

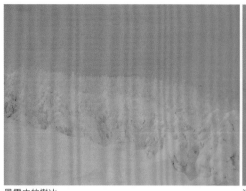

風雪中的樹冰

遠看每棵樹覆蓋蓋厚厚白雪，姿態各有巧妙

套和護目鏡，都會形成一層霜，放眼望去盡是白茫茫一片朦朧。走久了，手腳似乎不聽使喚，凍得發麻，臉頰也凍得發紅，拍下許多雪怪的各種姿勢，完成了尋找雪怪的夢想，不妨回到纜車休息站點個熱湯或炒飯、拉麵等熱食，讓身體回溫，或者也可以點一杯熱熱香濃的可可，坐在長板凳上，對著火爐把身體烘暖。纜車休息站內有簡單的食堂賣食物、飲料，也有小商店販賣紀念品和出租防寒用具，裡面還掛著天氣預報的牌子，隨時告知旅客山上的風速和降雪情形，如果風雪真的太大，雪怪樹冰健行的行程就會暫時中止。

　　除了雪怪奇景之外，八甲田山在春夏秋季的模樣，也很令人著迷。春夏的花開綠意，秋天的滿山楓紅，都是遊客的最愛。搭乘纜車從下而上，可以一次飽覽整座山的景致，尤其在夏日黃昏時，能見到夕陽慢慢落入地平線，整片天空染上夕照的橙色，值得一遊。

**青森縣八甲田山**

交通：搭乘 JR 巴士，從青森車站出發，到「八甲田山纜車」站下車，車程約 1 小時，票價單
　　　程 1,070 日幣。纜車站到山頂的票價來回 1,850 日幣，約 10 分鐘可達山頂。

營業時間：3 月到 11 月上旬 09:00 ～ 16:20（11 月中旬到隔年 2 月 09:00 ～ 15:40，纜車每
　　　　　15 ～ 20 分鐘一班。

查詢網址：www.hakkoda-ropeway.jp

# 恐龍琥珀
## 大挖掘

● 岩手縣
久慈市

戴上純淨的琥珀，似乎和恐龍時代有了連結

　　黃澄透明的琥珀，不但是珍貴的首飾，也因為是千百年前深埋在地底的東西，所以被認為具有大自然神祕的力量。一般認為琥珀出產以波羅的海為主，但其實在日本，有個相當罕見的琥珀產地，地質家發現，當地的琥珀是恐龍時代的產物，也就是 8,500 萬年前的東西！為目前最古老、最有價值的琥珀，因此吸引不少喜愛考古冒險的人紛紛造訪，挖掘距今將近一億年前的寶物。

　　恐龍時代的琥珀產地，位於日本岩手縣的久慈，這裡產的琥珀屬於中生代白亞紀後期，也就是恐龍時代。久慈不但是日本國內最大的琥珀生產中心，也是世界四大琥珀博物館之一。來到久慈，能一口氣飽覽琥珀的生長環境，以及各種美麗炫目的琥珀首飾與工藝品，最有趣的是，還能親自踏上恐龍踩過的土地，模仿《侏儸紀》系列電影裡的劇情，自己動手挖掘琥珀和化石。

　　久慈琥珀館建造在綠意盎然的樹林中，分成新館和主館兩個部分，展示著琥珀的生成環境，以及許多琥珀製成的藝術品。在久慈，有個琥珀坑道的遺跡，這是目前世界上唯一開放參觀用的琥珀坑道。到大正七年為止，這條坑道開採出許多珍貴的琥珀，現在則開放給一般遊客參觀，進入隧道內，可以看到琥珀挖掘現場，也可以欣賞鑲嵌在岩盤上的琥珀原石。

　　久慈是日本唯一可以體驗採集琥珀的地方。在這裡的土地斷層中，藏有各種大小的琥珀原石，其中還有包著昆蟲的琥珀、煤炭、植物化石、各種動物化石，以及

● 1 琥珀博物館內　2 琥珀博物館裡展示曾經挖出的大塊琥珀　3 挖到的琥珀能帶回家當擺飾,或者製作成飾品
4 顏色鮮明的琥珀原石

恐龍化石。一整片恐龍時代的土壤開放讓遊客開採,體驗費用成人 1,200 日幣、中小學生 800 日幣、兒童 50 日幣。現場會提供橡膠靴子、手套、專用的小鏟子和桶子,如果挖到動物化石或包有昆蟲的琥珀必須提供學術研究,其餘琥珀遊客則可以帶回家作紀念。開採現場是一整片下陷的黑土,彷彿挖地基般被挖出一整片方形的空間,我們換上了長靴和手套,拿起鏟子和小桶子,一步一步走下去,開始人生第一次的「侏儸紀」體驗。

　　深黑色的土一層層像是千層酥,跟一般的土不太相同。專業的挖掘師傅說,用鏟子挖土的動作絕對不能太大,更不可以太用力,否則很有可能挖斷珍貴的琥珀或化石。我們小心翼翼學著考古學家,一手用鏟子輕輕挖,一手同時撥開泥土,尋找寶物。挖掘專家說,因為是 8,500 萬年前的地質,所以眼前的所謂泥土,大部分其實都是石炭,故呈現較深的黑色。能不能挖到琥珀也得碰運氣,有人挖了一下子就發現大塊琥珀,有人挖得腰酸背痛也找不著一小顆,據說從前還有學生在這裡挖出恐

工作人員為客人研磨琥珀　　　　　　　　　　　　店裡展示著珍貴的琥珀船，這類藝術品價格不菲

龍化石，使當時掀起一股挖掘熱潮。

　　挖到的琥珀洗乾淨後，可以帶回琥珀館內 DIY，製成首飾。先用機器把琥珀拋光，再照著老師的步驟，發揮創意製成自己喜歡的項鍊或小首飾，體驗時間約 1 小時，費用 1,050 日幣。另外，這裡還推出「體驗用罐裝琥珀」，一罐 600 日幣，把含有琥珀的土壤裝進易開罐裡，供遊客買回家隨時體驗採集琥珀的樂趣。如果沒挖到琥珀，也可以直接在館內的商店裡選購。琥珀製成的小胸針或項鍊墜子等，色澤亮度都很夠，因為是恐龍時代的古老琥珀，所以久慈的琥珀特別清澈，看起來柔和飽滿，跟歐美產的琥珀不太一樣，有種古老而內斂的魅力。店裡還有不少要價上百萬的琥珀藝術品，像是用整塊琥珀製成的咕咕鐘、充滿東洋風味的寶船擺飾品等。

　　體驗了彷彿《侏儸紀》系列電影般的考古挖掘後，建議可以到久慈琥珀館四周散散步，這裡位於岩手縣久慈市的郊外，四周有大片樹林，也有斷崖山谷和久慈溪流，自然風景賞心悅目，空氣乾淨舒服，讓人很放鬆。而在琥珀館裡還有一間立陶宛餐廳，提供特別的餐點料理。

久慈琥珀博物館
地址：岩手縣久慈市小久慈町 19-156-133
電話：0194-59-3831
交通：從 JR 久慈站，搭乘計程車約 10 分鐘車程；或是搭乘 JR 巴士，到「琥珀博物館入口」
　　　站下車。
營業時間：09:00 ～ 17:00

# 尋找消失夢幻島

竹富島

小濱島

夢幻島海域

　　世界上真的有夢幻之島存在嗎？沒錯，夢幻島就位於日本沖繩小濱島附近，由白沙堆積成的美麗小島，每天都會消失再出現，每天的形狀都不一樣，神奇美麗的小島也因此命名為「幻之島」。如夢幻般虛無縹緲的小島，有許多浪漫故事，不但是很多日本時尚雜誌最愛的拍攝地點，也曾被李安導演相中為電影拍攝場景。

　　幻之島位於小濱島和竹富島之間，如果從石垣島搭船前往，約 30 分鐘可抵達。建議參加幻之島半日遊或者一日遊行程，如果人多，也可以乾脆包船，行動比較自由，船長還會在行程中說故事給乘客聽。幻之島每天出現的位置、島的面積形狀等，都有些許不同，退潮時小島就會出現在海面上，隨著海浪漲潮也會慢慢消失在海平面，觀察起來非常有趣。我們當天是包船從小濱島前往幻之島，船開在清透見底的海面上，掀起捲捲白色浪花，海風吹來心曠神怡，不一會兒功夫就看見傳說中的幻之島。如彎月般的幻之島，四周環繞著大量珊瑚礁，船長小心翼翼把船駛向小島邊，開始下錨，他說，船隻不能太接近，以免破壞珊瑚礁，也容易擱淺，因此我們在海中下船，從淺淺的海水裡走向幻之島，海水清澈透明到難以置信，一眼望去，腳下都是滿滿的珊瑚礁。

　　夢幻小島是一整片細白沙洲，島上有人悠哉漫步，有人坐在沙灘享受海浪一波一波捲上小腿的清涼，有人牽著另一半躺在白沙上日光浴，整片純白的沙連結著無邊際的湛藍大海，如畫的美景，讓人彷彿來到仙境。船長說，很多國際知名攝影師

● 1 夢幻島是許多日本雜誌偏愛的取景地點　2 熱愛臺灣的船長，前田博　3 沙灘午餐
4 每天都會消失再出現的夢幻島，是很受歡迎的約會地點

和明星、模特兒，都愛到島上拍照取景，拍出來的畫面宛如天堂，海風吹起髮絲，閉上眼，用力吸一口海洋的氣味，好像化身國際巨星一般，愜意地像在作夢。幻之島四周的海水很淺，到處可見珊瑚礁，很適合初學浮潛的遊客，不時可以看到爸媽帶著小朋友浮潛初體驗。到幻之島，可以悠閒浪漫享受難得任性的小時光，建議也可以同時報名浮潛或者捕魚體驗行程，整套行程平均一個人要價 5,000 ~ 10,000 多日幣，包括船隻、浮潛（附設備用具）、午餐和飲料等。

　　在石垣島的港口有許多當地的觀光旅遊船公司，可以直接到港口詢問報名，或者直接向住宿飯店報名小島套裝行程。比較能動手體驗的推薦搭配行程包括，初學者海釣行程和大魚挑戰之旅。海釣的行程很簡單，船長會準備好釣竿和魚餌，帶著乘客到沖繩特產魚類最多的海域，現場教學釣魚，之後船隻將停在無人小島上，船長會準備好廚具和其他搭配的食材，把剛釣起來的魚現場烤來吃，享受一頓野外午餐。另外，更可以挑戰釣大魚行程，船長會教你如何釣到旗魚、鮪魚等大型魚類，

刺激有趣，不過釣大魚必須掌控得住手上的釣竿，需要一點體力。如果想靜靜欣賞海島風貌，建議報名獨木舟小旅行，會由專門的工作人員帶領，兩人一艘獨木舟，慢慢沿著小島四周划，欣賞珊瑚礁、讓陽光暖暖照射在身上，於冰涼的大海中完全融入大自然。獨木舟行程一次約 3 小時，12 歲以上一個人 8,800 日幣；釣魚行程如果是海釣，一個人 8,200 日幣。

沿著夢幻島漫步欣賞如童話世界般的美景

　　這裡要推薦一位很有意思的船長「前田博」，我們就是包船請他帶領一遊幻之島。60 幾歲的船長，出海時戴的帽子上寫著臺灣，讓我們很好奇，船長說，他愛大海、喜歡航行，也因此跟臺灣結緣，船長曾經開著小船去過 32 個國家，他在 2009 年從臺灣的基隆港出發，一年 10 個多月後，環球一周再回到基隆港。船長又說，他的航海環球之旅，是跟臺灣夥伴一起完成的，特別喜歡載著臺灣遊客出海，介紹沖繩美麗的海洋。跟著船長出海，除了說不完的航海冒險故事之外，還能聽到很多沖繩當地的大海傳說，非常有趣。前田船長很有名，到了石垣島或小濱島向飯店詢問，就能找到船長帶你出海。

190

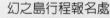 INFO

## 幻之島行程報名處

### ★石垣島港口内（有各家當地旅遊船公司，選擇很多，可直接報名）

地址：石垣市美崎町 1 番地
交通：從石垣機場搭計程車約 15 分鐘可達。
電話：0980-88-0822
查詢網址：8yama.com/access/929.html

### ★星野小濱島度假村（有各項幻之島相關行程可報名）

地址：沖繩縣八重山郡竹富町小濱東表 2954
交通：從石垣島港搭乘高速船，約 25 分鐘可抵達小濱島港，再搭乘往返飯店度假村的免費接駁巴士約 10 分鐘可達。
電話：050-3786-0055
接受預約時間：08:00 ～ 21:00
查詢網址：www.risonare-kohamajima.com/index.html

# 猛獸親密接觸

● 北海道
　札幌市

小狼外表像狗，力氣卻非常大

　　你喜歡冒險挑戰嗎？追求刺激的遊客，一定要推薦你一個地方，就是北海道札幌的野生動物園。在這裡可以貼近獅子的臉，親手把食物送進獅子嘴裡，還可以抱小狼和狐狸，或者到園區的危險叢林中，走進蟒蛇屋、穿過滿是食人魚的水池，在凶猛鱷魚池上走繩索，保證能留下非常難忘的回憶。

　　位於札幌市郊的野生動物園，地方不像一般動物園那麼大，但裡面的各種「體驗」，卻堪稱日本最有特色、最具挑戰性。一進園區，園長就親自帶著我們走向獅子區，先爬上樓梯抵達獅子籠的頂端，巨大籠子頂端是空的，人只能站在四邊細長的走道上，感覺若站不穩就會隨時掉進獅子籠裡。在此處先要體驗「釣獅子」！園長交給我們一人一根形似釣竿的長棍，上面綁著肉塊，然後持竿慢慢往下伸進獅子籠，聞到肉味的獅子們立刻跳起來撲向釣竿，咬著不放，力道相當大，如果拿不穩，搞不好反會被拉進籠子，嚇得我滿身大汗。同行的朋友不敢把釣竿伸到太下面，懸在半空中，讓獅子撲了幾次抓不到，生氣怒吼，震耳欲聾的獅吼實在非常驚人。

　　釣獅子初體驗後，園長又帶著我們走下樓梯，這次更嚇人，直接到獅籠前面，園長發給我們一人一個鐵夾子和小水桶，桶內放著肉片，用夾子夾著肉片，獅子自動貼上來張開大嘴，讓我們把肉片放進牠嘴裡，尖尖的牙就在眼前，近到有點不敢相信。餵食後，園長竟然抓起我的手，伸進籠子裡，放在獅子頭上，叫我摸摸牠的頭！我緊張得心臟怦怦跳，獅子鬃毛摸起來粗粗的，只是膽子實在不大，牠動一下我就

● 1 危險森林入口　2 園長和獅子是親密夥伴,愛力克獅如同寵物般撒嬌　3 近距離餵獅子
　4 大蜥蜴長相嚇人,膽大者可以抱著合照

趕緊把手縮回來,深怕自己變成牠的食物。

　　體驗驚嚇指數破表的「釣獅子」後,可以稍微舒緩一下心情,去抱抱小狼。抱猛獸體驗每天固定時間開放,工作人員帶著兩隻1歲多的小狼先到小舞臺上,為遊客介紹猛獸的名字和個性,然後就可以現場排隊體驗抱小狼,工作人員會先教大家怎麼抱比較安全。輪到我時,自己先坐在椅子上,雙腳併攏,然後工作人員把小狼放到我腿上,請我用兩手輕輕抓著小狼的前腳,即使長相類似狗,但小狼的重量還真不輕,抱好後可以請朋友或工作人員幫忙拍照,不過小狼雖小,還是有野性,沒拍兩張照片就急著掙脫,在我手臂留下一條小抓痕,這體驗果然很令人難忘。工作人員說,有時剛好遇到出生沒多久的小狼,就能拿著奶瓶餵奶,更有意思。如果真的不敢接近猛獸,園區裡還有其他動物可以零距離接觸,像是餵企鵝或抱企鵝、讓海豹在臉上給你一個吻,或者直接用手拿飼料餵大嘴鳥等。

　　除了野生動物區之外,再往裡走還有一個區域叫做「危險叢林」,這裡的體驗

● 1 蟒蛇也是合照的人氣動物　2 每關都讓人心驚膽戰，如果驚擾到池裡的鱷魚，後果不堪設想
　3 凶猛的大蜥蜴，該怎麼過關，猶豫半天還是很難踏出第一步　4 要怎麼通過屋子裡的蛇，挑戰你的心臟

可就得有點膽量才敢嘗試。危險叢林入口處放著大大的招牌，寫著「生人勿近」，極危險！進去後，得通過許多關卡才出得來，先是模樣凶狠的大蜥蜴區，我們安靜快速通過；接著是大蟒蛇屋，裡面住著超大巨蟒，打開門，屋裡沒有任何其他通道，就只能從蟒蛇身邊通過，看著大蛇發毛。我遲遲不敢踏進小屋，猶豫了很久才硬著頭皮慢慢走進去，不敢發出聲音。工作人員會事前提醒，千萬不要發出聲響引起蟒蛇不悅，通過時也要眼睛緊盯蟒蛇，因為無法預測牠何時會突然撲過來。

　　安全通過蟒蛇屋，我已經滿頭大汗了，之後是食人魚池，滿池的食人魚在水裡迅速來回，光看就覺得可怕，這關得走過食人魚池子上細窄的木頭，寬度只能側著腳走，一不平衡就會掉下去，這可不是開玩笑，繃緊神經一步一步走過，終於順利過關。而最恐怖的是鱷魚池走繩索，池裡滿是張大嘴的鱷魚，單薄的繩子就掛在池子上方，距離水池很近，我戴上安全帽，拿著防衛的鐵叉，走上繩索，鱷魚突然往上看，嚇得我拿鐵叉防衛，沒想到更加惹惱鱷魚，朝著鐵叉轉頭用力咬，發出驚人

的聲音，雖說繩索下有安全網，但還是被嚇得大聲尖叫。走完危險叢林，差點嚇破膽。園長說，挑戰雖然很嚇人，但其實每個關卡都有安全措施，也有工作人員在四周看著，保障遊客安全。

危險叢林旁邊是貓頭鷹和老鷹區，一根根矮木頭上站著各種顏色、種類不同的貓頭鷹，看起來整塊區域就像是電影《哈利波特》的場景般，很有魔法森林的感覺。在這裡可以自由和貓頭鷹拍照，輕輕摸摸貓頭鷹，或者戴上手套讓老鷹站在手臂上。貓頭鷹區旁邊是狐狸區，大小狐狸野放養在一起，性情溫馴，可以讓遊客抱，就像自己養的寵物一樣可愛。

可以伸手摸摸貓頭鷹

這家野生動物園還有個很特殊的服務，叫做「移動動物園」，園長和員工們會帶著動物到幼稚園或老人院等機構，讓老人、小孩，或是不良於行的人，都可以跟動物近距離接觸，藉此達到療癒效果。

園區門票大人 1,500 日幣，小學生以下 500 日幣，3 歲以下不用入場費。至於各種體驗價格則是釣獅子一次 700 日幣、親手餵獅子一次 500 日幣、抱企鵝和親親海豹各 700 日幣、抱狐狸體驗一次 300 日幣。為了讓動物有休息時間，園區每年 4 月到 11 月開放營業，12 月到隔年 1 月初完全不開放營業，2 月和 3 月只開放週六、週日或假日營業。

**NoRth SafaRi SappoRo**（ノースサファリサッポロ）

地址：北海道札幌市南區豐滝 469-1

電話：080-1869-6443

交通：在札幌車站搭乘定鐵巴士（往定山溪溫泉方向），到「豐滝小學校前」站下車，轉搭免費接駁巴士前往園區（如果是週六、週日及假日，在巴士下車處的國道第三駐車場有免費接駁巴士。如果是平日前往，到豐滝小學校巴士站後，可打 09034625096，請園區免費接送車輛來接）。

# 勇闖
# 零下 70 度

零下 70 度立刻結凍的溼毛巾，硬到可以敲東西

● 靜岡縣
　靜岡市

　　想像一下，處於氣溫零下 70 度的地方，會是什麼感覺？這樣酷寒的極限，在日本就能體驗。位於靜岡市清水區的清水港，有個全日本最大的鮪魚卸貨倉庫，巨大倉庫一年四季都維持在零下 70 度的低溫，港區的工人們，每天都在溫差高達攝氏100 度的環境出入。為了一窺日本鮪魚寶庫的祕密，我們特別申請，進入零下 70 度的世界，跟著最酷的工人們，一起挑戰感官極限。

　　清水港的鮪魚卸貨量是日本全國第一，平均每年鮪魚卸貨量為 1,000 多噸，占了日本全國鮪魚捕獲量的一半以上，捕獲量多時，清水港的鮪魚卸貨量幾乎占了全日本的 8 成。捕獲鮪魚後，負責運輸冷凍的八洲水產，會一卡車、一卡車將滿滿的鮪魚運到附近的大型冷凍庫。為了保持鮪魚新鮮，卡車貨櫃上裝有非常強的冷凍庫，溫度都在零下 30 ～ 50 度。一輛輛大貨櫃卡車排成一整列，不斷載送新鮮鮪魚開進來，車停好一打開門，立刻冒出陣陣白煙，即使外面是攝氏 30 幾度的大熱天，周圍的氣溫也會瞬間急凍下降，一隻隻圓滾滾的鮪魚被凍得像石頭般堅硬，貨櫃鐵門一開，裡面塞得滿滿的鮪魚就像深水炸彈那樣，轟隆隆掉出來，工作人員熟練地拿起鐵鉤對準鮪魚的腮，一隻隻拉進卸貨平臺下擺設好的鐵籠裡，再由小山貓車鏟起一個個的鐵籠，把鮪魚送進冷凍庫。這一連串的動作必須敏捷迅速，絲毫不能讓鮪魚融化，免得影響肉質口感。工作人員說，用鐵鉤勾鮪魚腮，還有一個目的是為了檢查鮪魚的好壞，進行篩選。

● 1 靜岡清水港盛產鮪魚　2 鮪魚倉庫內　3 裝滿鮪魚的冷凍貨車

　　為了全程體驗最極限的工作，我戴起工人們用的手套，拿著鐵鉤，跟著工作人員一起體驗，途中好幾次被貨櫃裡急速滑出的鮪魚撞到，嚇得工作人員心驚膽戰，因為一條鮪魚平均重達 200 多公斤，要是被衝出來的冷凍鮪魚撞到，整個人很有可能被撞飛而受傷。好不容易挑了一隻看起來體積小一點的鮪魚，嘗試用鐵鉤把鮪魚拉進卸貨平臺底下的鐵籠，卻怎麼使力也沒用，冷凍鮪魚一動也不動，最後為了避免鮪魚暴露在常溫下太久，只好讓工作人員趕緊把鮪魚拉進鐵籠送進倉庫。體驗過鮪魚卸貨，接下來要一探傳說中酷寒極限的鮪魚冷凍庫。

　　八洲水產的幹部拿著厚厚的羽絨外套、手套、耳罩、圍巾遞給我們，一再叮嚀，冷凍庫裡可是有機關的，除了要全副武裝之外，還得聽從工作人員指示。為了徹底保持零下低溫，不讓外面的熱空氣在開門時直接流進去，冷凍庫分成兩個區塊，第一道門打開後是緩衝區域，溫度約零下 30 度左右，進去後，要先把第一道門關起來，才能再打開第二道門，這裡面就是貨真價實的冰雪世界，溫度是零下 70 度！工作人員說明完畢，我們在夏日高溫攝氏 30 幾度的天氣下，穿戴起雪地用的防寒衣物，熱

鮪魚卸貨

滿滿的鮪魚

得我全身冒汗快要中暑，準備好後，工作人員打開第一道門，我們走進去只感覺瞬間白煙瀰漫，氣溫驟降。從攝氏正30度到負30度，60度的溫差，毛細孔立馬緊縮，頭腦一陣暈眩。工作人員又迅速把門關起來，先讓我們體驗零下30度的世界，適應溫度。沒過幾秒鐘，就冷到縮成一團，全身發抖，但這還只是第一關。

　　工作人員詢問，接下來真正要挑戰不可能的任務，大家準備好了嗎？我們鼓起勇氣點頭說好，工作人員拿起門禁卡刷了一下，眼前厚重的第二道鐵門開啟，往前踏進第一步，下一秒就感覺凍到骨子裡，正猶豫時，一旁的日本工作人員催促我們趕緊進去倉庫裡，他得把第二道門關上，免得影響倉庫內的溫度。轟的一聲，鐵門緊閉，倉庫裡又寬又高，四周都是層層疊疊的大鐵籠，裡面裝滿了一隻隻鮪魚。我拿出剛剛在外面準備好的溼毛巾，用力往空氣中甩，輕輕甩了兩下，整條毛巾立起來，被凍成一根硬梆梆的毛巾棍，令我們笑到肚子痛。工作人員說，如果再擺一陣子，被冷凍的毛巾，就會硬到能夠拿來當鐵鎚敲釘子。說著說著，鼻子、耳朵開始凍到發痛，手也跟著不聽使喚，這時拿著相機的朋友大叫：「糟糕了，鏡頭好像要裂開了！」其他人也實在凍到受不了，同行的友人喊著：「好冷，快放我出去，我快不行了！」工作人員趕緊打開門，我們回到第一道門和第二道門中間的緩衝區，等確認第二道門關緊了後，工作人員才伸手開第一道門，門開的瞬間，所有人一起往外衝，終於回到常溫的環境，鬆了一口氣。短短幾分鐘內，體驗了攝氏100度的溫差，如此特殊的經歷，令人永生難忘。

　　八洲水產集團以靜岡清水港為根據地，專門從事鮪魚卸貨保存運輸和加工作業。把日本產量第一的鮪魚，迅速送到壽司店、餐廳，或者一般民眾的家，這裡的特色就是，捕獲的鮪魚在最短時間內送進零下70度低溫的倉庫保存，急凍新鮮美味。工作人員說，這間倉庫可是價值無窮，平常冷凍的鮪魚量，大約保持在3,000公噸左右，

拿起鉤子學搬運工人拖鮪魚　　　　　　　實在搬不動百斤鮪魚

若以鮪魚價格 1 公斤 2 ~ 3 萬日幣計算，這棟鮪魚冷凍倉庫價值高達 750 億日幣，約合 210 億臺幣！

　　這裡的工作人員個個都是鮪魚專家，帶領我們體驗的大哥說，鮪魚一定得要超低溫瞬間冷凍保存，而如果買回家後，可以先用清水稍微沖刷魚的表面，然後再把魚放進加了食鹽、攝氏 40 度的熱水裡浸泡 1 分鐘，之後把水分輕輕吸乾，用廚房紙巾將鮪魚包起來，放進冷凍庫儲存。不過鮪魚一旦解凍，就必須立刻吃完，如果再拿回去冷凍，會破壞魚肉組織，影響口感。在鮪魚倉庫旁就是知名的清水河岸市場，裡面有各種海鮮攤販，專賣新鮮海產，樓上還有餐廳，可以享用海鮮料理，建議不妨順便逛逛。

　　另外，清水港與神戶港、長崎港並列為日本三大美港之一，從這裡可以眺望富士山，港口美景相當特別，吸引不少大型外籍郵輪停靠，四周也因此蓋了許多公園、購物中心、摩天輪等，成為特殊觀光景點，很值得一遊。

**INFO**

清水港　八洲水產
地址：靜岡縣靜岡市清水區袖師町 1974-16
交通：從 JR 清水車站東口出去，走東西自由通路往「清水テルサ」方向，過馬路後即可看到
　　　目的地，步行約 3 分鐘。

# 夜遊找山貓

西表島

疑似山貓的生物看見燈光人影，迅速逃跑

　　不少熱愛旅行者，應該都曾夢想造訪亞馬遜原始林，來一趟人生難得的冒險之旅，其實想要實現夢想，不用跑太遠，在距離臺灣 200 公里的地方，有個小島被稱為「東方亞馬遜」，島上 90% 以上都是未開發的亞熱帶原始森林，這個世外桃源名叫「西表島」，隸屬日本沖繩縣，島上有許多珍奇生物棲息，包括臺灣石虎的親戚「西表山貓」。瀕臨絕種的稀有山貓，在西表島上非常受保護重視，如果想到島上冒險，一窺山貓的面貌，可以參加小島上度假村安排的夜遊找山貓探險之旅，或者參加有趣的山貓講座聽故事，在原始叢林裡，與珍奇生物們近距離接觸。

　　西表島上，到處都是山貓的標誌和可愛的山貓圖案商品，一踏上西表島，在港口就看到大大的招牌告示，寫著保護山貓的規定，據說小島上目前只剩下 100 多隻山貓，島民為了保護稀有的山貓，做了很多努力，比如說，盡量不在島上養家貓，避免貓科之間會有傳染病出現，影響山貓；另外島上的道路設有上百條涵洞讓山貓等動物通行，所有車輛也限速低於 40 公里，道路兩旁亦設立標誌提醒駕駛小心山貓出沒；馬路上大量的減速條，更是為了山貓而設計，讓車輛行駛間發出震動和聲響，提醒山貓和動物們遠離。整座小島簡直是動物的天堂。

　　第一晚，我們先參加了山貓講座，聽度假村的專家說故事，解釋山貓棲息的環境和生態，工作人員甚至拿出人工製作的山貓模型，讓大家觸摸、了解。模型是按照山貓的樣子打造，看起來比家貓體型大，褐色的毛帶點黑色斑點或條紋，眼睛大

● 1 夜遊過程得注意不能發出聲響嚇到野生動物　2 拿著手電筒才能看清路上的生物　3 夜遊途中會遇上各種生物　4 夜遊時要小心腳下的生物

大的，樣子很討喜。接著我們報名參加了夜遊找山貓冒險之旅，跟著專門的導遊一起到山裡探險。出發時間是晚上 7 點後，導遊說，時間越晚見到山貓的機會越高，行前導遊再三叮囑，夜遊途中絕對不能大聲喧嘩，就算見到山貓也絕對不能做出任何動作傷害山貓，一舉一動都得小心謹慎，輕聲細語，避免打擾野生動物。穿戴長靴、薄長袖，帶著手電筒、夜視鏡和水，裝備齊全後，一行人上車出發，小巴司機開得很慢，怕聲音驚擾到山貓，車燈也刻意調暗，途中沒人敢大聲說話，開到一半，突然發現車前方閃過一道影子，我們趕緊低聲喊司機停車，下車後跟著影子的方向慢慢移動，看到一團毛茸茸的生物躲進草叢，正以為發現山貓時，導遊卻說，看影子體型可能只是一般動物，撲了個空，我們返回車上繼續前進。

　　車子在山林入口處停下來，接下來得以徒步前進，跟著導遊一步步往山裡走，腳邊先是看到小螃蟹爬來爬去，導遊解釋，這是生長在山裡的蟹，中途還出現蜥蜴和難得見到的昆蟲，越往深處路越黑，完全沒有燈光的山裡，傳來一些不知名的生

物叫聲，聽起來心裡有點毛毛的，進入原始世界的感覺，就像在拍電影般。我們拿著手電筒到處照，不敢發出一點聲音，盼望能親眼看到山貓，可惜找了一整晚，都沒有尋獲山貓的蹤影。導遊說，要看到山貓，得碰運氣，有人第一次就能見著，也有人探險走了好幾趟都沒能看到。不過整晚的山林探險，倒是看了不少野生動植物，也體驗到野外冒險的刺激。

夜遊一定得帶著微光的手電筒

夜遊找山貓探險之旅，每年 4 月到 10 月底開放，一趟冒險約 2.5 小時，由專業達人帶隊解說，一個人 7,600 日幣、小孩 5,400 日幣。基於保護動物和環境的原則，每天晚上夜遊只限定一組客人。挑戰夜遊探險很有意思，就算沒看到山貓，也可以在西表島上購買很多山貓相關商品，如山貓餅乾、山貓蛋糕，或者各種山貓圖案的衣服、包包和小飾品。西表島是個非常稀有的世外桃源，到處保持著原始風貌，造訪西表島，建議除了夜遊之外，還可以參加瀑布極限挑戰，走上未經開墾的山路，前往仙境瀑布探險；或者坐上獨木舟，划進滿是水筆仔的水路，聽著蟲鳴鳥叫，把自己投入真正的大自然中，完全放鬆身心，享受流汗的暢快和原始的野性美。度假村安排的各項探險行程，建議都要提前預約，直接與度假村聯絡，由於當地有臺灣籍員工，因此可以說中文溝通，也可以在探險中指名希望由臺灣籍導遊帶隊解說。

INFO

**星野 RISONARE　西表島**
地址：沖繩縣八重山郡竹富町字上原 2-2
電話：0980-85-7017
交通：臺灣桃園機場有直飛石垣島的班機，到石垣島機場後搭計程車或巴士前往乘船港口，從港口買票搭高速船，約 45 分鐘可抵達西表島上原港，再搭乘星野度假村的免費接駁巴士約 10 分鐘可達。

# 花花魚田
## 浮潛

盛竹如同行，準備下水浮潛

　　動畫電影《海底總動員》中，深藍色的海洋世界裡，到處都是五顏六色的珊瑚和七彩繽紛的魚兒，如此奇幻自由的生活，你也想體驗看看嗎？只要一個上午的時間，就能進入這樣的魔幻世界。這裡是沖繩的八重山群島海域，清澈透明的海水，放眼望去，盡是一片絢爛，光從水面上就能看清楚海底的魚和珊瑚礁，穿戴好裝備，潛入海中，跟魚兒一起游泳吧！

　　八重山海域中，最受全球潛水愛好者喜愛的，就是小濱島附近的這片海域，有400多種以上的珊瑚和數不清的魚兒優游其間，魚的數量多到像是一整片田般，因此被稱為「魚田」。如果從小濱島出發，當天直接報名魚田潛水體驗行程，搭乘小船約15分鐘左右即可抵達魚田海域。船接近魚田時，四周的海水越來越透明，接近海面的淺水處，看見許多小魚游來游去，我們迫不及待換上潛水裝，戴上潛望鏡，穿上蛙鞋，跟著專業的潛水伕一起跳入海中。為了讓我們潛入較深處，船長揹著大桶氧氣，領頭前進。

　　剛開始有點緊張，慢慢往下游，身體開始習慣海水的律動，覺得輕鬆了起來，眼前一塊塊圓軸型珊瑚排成一片，如同海底王國的地毯般，大量魚兒穿梭其間。亮黃色帶著一個大黑點的狐狸魚、鮮豔藍色為底的條紋魚、尖嘴如蝴蝶起舞的魚群，就在我們身邊來來回回，一下子魚群貼著我的頭髮邊快速穿過，一下子又有扁扁的魚兒輕輕掠過我的指間，這景象簡直美到讓人不敢相信！自己也彷彿變成海底世界

● 1 找到小丑魚尼莫了　2 浮淺能將海底風景一覽無遺　3 海底能摸到不同生物、植物　4 親手摸到海底生物

的一員，跟魚兒一起暢游藍海中，再往前，終於發現了尼莫！小丑魚就如動畫中的尼莫一樣可愛，顏色鮮明豔麗，靈巧徜徉於海中，這世界竟如此美麗！

　　專業的船長指著珊瑚礁旁比手畫腳，我朝著那個方向看去，船長拿起一隻不知名生物，放到我手上，軟軟的條狀物，原來是海參！船長用手勢比著要我輕輕摸，不能傷害海中生物，我拿著迷你水中攝影機拍下珍奇畫面後，把海參小心翼翼地放回原處。魚田的海域風浪很小，就算不會游泳，只要穿戴好裝備，也能飽覽華麗的海底世界。想體驗花花綠綠的魚田之旅，到了石垣島或小濱島上有很多業者供選擇，通常都可以當天即時報名。半日遊行程，如果是單純潛水，一個人大約 3,000 ~ 5,000 日幣不等；如果是包套行程，船費、潛水裝備、午餐加飲料，以及潛水教學，一個人 7,000 ~ 10,000 日幣不等；有些還會幫忙拍攝海中體驗的樣子，將影像送給遊客作紀念。有些業者限定每年 4 月到 10 月底開放魚田潛水行程，而有些則是一年四季都能出海潛水。

　　看完了魚田的奇幻風光，泡了幾小時海水，建議遊客可以到小濱島上唯一的度

假村裡，體驗沖繩特殊的 SPA，沖掉海水的鹽分，保養身體滋潤皮膚。開始療程前，美容師會先在熱水裡加入長命草、泡盛酒和月桃，幫你洗腳，然後在露天的大浴缸裡，倒入扶桑花和特調美容液，把身體角質和髒汙清乾淨，接著美容師才會正式開始 SPA 按摩療程。按摩用的油和敷料都是採用沖繩獨有的材

乾淨無汙染的沙灘

料，像是黑糖、海底黏土、珊瑚、苦瓜、扶桑花等，塗抹在身體上，據說能清潔毛孔、保溼給水、滋潤被太陽曬傷的肌膚。SPA 房間的落地窗外，是一片藍天大海，景色也很不錯。只是這裡的頂級 SPA 要價不便宜，最便宜的足浴 15 分鐘 4,100 日幣；加上精油按摩 45 分鐘 7,700 日幣；如果是最豪華的 SPA，整個療程 130 分鐘 3,6000 日幣。

**INFO**

**魚田潛水**
地點：石垣島港口或小濱島港口各家船業者都有推出半日或一日遊，直接到港口報名即可。
　　　或者也可在小濱島的度假村報名飯店安排的魚田行程。
參考網站：www.panari.tv/index.html
　　　　　www.kohamajima-marine.com/marine/b.html
　　　　　www.risonare-kohamajima.com/activity/activity01.html#caution

**沖繩 SPA**
地點：星野小濱島度假村
地址：沖繩縣八重山郡竹富町小濱東表 2954
電話：050-3786-0055
交通：桃園機場直飛石垣島，從石垣島機場搭計程車到石垣島港口，再搭乘高速船約 25 分鐘可抵達小濱港，之後搭乘免費接駁車約 10 分鐘可達。
參考網站：risonare-kohamajima.com/index.html

# 帥哥風帆

竹富島

小濱島

陽光教練

　　到海邊挑戰風帆，是很多人夏天最愛的運動，到日本沖繩旅遊，建議您安排一趟小濱島風帆之旅，在這裡玩風帆，風浪不大，海象平穩，最特別的是，這裡有號稱全日本最帥的教練團，貼身教學指導。

　　小濱島上的飯店業者和沖繩知名的專業風帆學校合作，在美麗安靜的小島上推出風帆體驗之旅，專業風帆教學由一群英俊挺拔的帥哥教練指導，個人專屬的風帆教練，從 20 幾歲的小鮮肉到中年歐巴都有，有的長髮瀟灑，有的身材健美，有的笑容陽光，每個教練可都是拿到專門證照資格，或是獲得國家級比賽獎項的佼佼者。我們報名了 1 小時的帥哥風帆課程，包含風帆和救生衣等器材，每個人 5,400 日幣。

　　這天的指導教練，一位是 40 歲的型男教練，黝黑健壯，濃眉大眼，教學非常溫柔。另一位教練才 20 出頭，留著及肩長髮，笑起來的瞇瞇眼及酒窩能迷死不少學生。專業帥哥教練會先在沙灘上教你怎麼站上風帆，左右腳得一前一後呈 90 度，然後示範手的動作，讓學員知道如何握住風帆，怎麼配合風向調整風帆。帥哥教學還有口訣，很容易記住，練習了 10 分鐘，教練會陪著你拉著風帆出海，在沙灘上練習很有一回事，到了海裡風帆開始搖晃，要怎麼站上板子都成了問題，不過教練會貼心在旁邊扶著，讓初學者順利站上浮板。好不容易站上去，要站穩又是一個大難關，更別說操作風帆了。沒幾秒鐘，就摔到海水裡，喝了滿嘴鹹。挑戰幾次後，終於勉強過關，迎著海風滑行，瞬間覺得自己彷彿身在好萊塢電影情節中。小濱島的海浪及

● 1 跟著教練學步驟　2 教學員風帆，教練自己也玩得開心　3 教練笑容很迷人

海風果然很舒服，適合初學者。

　　面對初學者或外國遊客，帥哥教練會特別細心，就算第一次挑戰，也會讓體驗過程很輕鬆。如果實在太緊張，帥哥教練還會先示範，亮眼的陽光型男教練馳騁在浪頭，從海面乘風滑到岸上，景象賞心悅目，令人心跳加快。想嘗試帥哥風帆教學，得事先透過飯店預約，工作人員會根據遊客的需求和海上活動經驗，幫客人預約合適的帥哥教練，當然，體驗完畢，帥哥們也很歡迎遊客拍照或合照，留下紀念。如果已經會玩風帆，也可以單獨租借風帆和用具，每次 2 小時，3,300 ～ 5,400 日幣不等。

　　若是想挑戰其他海上活動，這裡還有香蕉船課程和快艇競速，一個人 2,000 多日幣，就能體驗在海上競速飆船的快感。想要靜態一點的，建議選擇獨木板海上漫遊體驗，站在浮板上拿著長長的槳，沿著海岸繞行小島慢慢滑，猶如漂浮在浪上，也是種不錯的海上體驗。除了女性專屬的帥哥教練福利之外，這裡還有專門讓小孩體驗的安全海上活動，如尋找星砂、挖貝殼，或者沙灘玩沙雕和淺灘觀察珊瑚礁的體驗課程，可以依照個人喜好隨時報名。

海上活動玩累了，不妨來試試沙灘餐廳的美食，補充體力。餐廳裡提供的羅勒起司披薩、義大利麵和雞肉咖哩，很受歡迎。另外，各式果汁調酒也很推薦。如果是享用晚餐，推薦試試看海灘烤肉，烤肉套餐依照分量和種類分成三種價錢，一個

小濱島的度假村

人 A 套餐 3,000 日幣、B 套餐 5,000 日幣、C 套餐 7,000 日幣，每種套餐都包含牛肉、豬肉、雞肉、香腸、蔬菜，最豐盛的 C 套餐以和牛為主，再加上蝦子和干貝等食材。店家會備好烤肉架和炭火等用品，讓遊客在沙灘上享用熱騰騰的 BBQ，海風陽光的美景裡，鮮烤的美食建議再配上一杯生啤酒或涼茶果汁等冰涼飲料，非常消暑。海灘烤肉每天開放預約兩次，分別是 18:00 ～ 19:30 和 20:00 ～ 21:30，每次限定 10 組客人預約，每年夏天 6 月 1 日開始，營業到 9 月 30 日為止。

下午體驗完帥哥風帆等海上活動，晚餐如果想延續帥哥帶來的浪漫氣氛，建議可以到島上的義式餐廳，難得奢侈一下，享用精緻的異國海島料理。分成 6,500 日幣、8,700 日幣、16,000 日幣三種價格的高級晚宴料理，其中最特別的就是 16,000 日幣的琉球套餐，餐前酒是生薑黑糖口味的泡盛氣泡酒，菜色包括新鮮牡蠣、肋排、岩鹽紅酒醬牛肉，以及小島產的各式蔬果做成的精緻小菜，再配上主廚依照天候氣溫為客人挑選的紅白酒和甜點，廚師還會用醬汁為客人在餐盤上寫字，送上海島的祝福。

星野 RISONARE　小濱島

地址：沖繩縣八重山郡竹富町小濱東表 2954
電話：050-3786-0055
交通：桃園機場直飛石垣島，從石垣島機場搭計程車到石垣島港口，再搭乘高速船約 25 分鐘
　　　可抵達小濱港，之後搭乘免費接駁車約 10 分鐘可達。
參考網站：risonare-kohamajima.com/index.html

# 日出瑜伽

竹富島

小濱島

身體充滿日出的力量

　　號稱亞洲最美的日出，就在距離臺灣不遠的地方，日本沖繩縣的小濱島，不但擁有北半球最大珊瑚礁群海域，也被譽為日本的祕密浪漫之島，造訪這座南國小島，一定要體驗的，就是最受日本女生喜愛的「日出瑜伽」。

　　小濱島的沙灘，是一整片的細緻白沙，小島周圍遍布著珍貴的珊瑚礁，有 360 種以上，被認定為北半球最豐富、最大的珊瑚礁海域，環繞小濱島的海洋，有個古老的名字「極美之海」。只有 600 多人居住的小島，安靜而低調，卻有許多不可思議的傳說。童話故事裡，美麗的人魚就是在這沖繩海域附近，讓海風吹拂著誘人的長髮，唱著有魔力的歌聲魅惑討海人。沙灘和海平面像是被針線縫在一起，整片藍白看不出一點縫隙，當地人說，這片沙是愛情的起點、浪漫的泉源，一年四季都有情侶或夫妻結伴造訪。

　　到了小濱島，努力早起吧！在天色還沒亮時起床，到海灘上參加當地的「日出瑜伽」，能讓你有個新的開始。瑜伽課程沒有註明幾點開始，每天要配合太陽露臉的時間，在日出前，看著日本女性自動到沙灘上集合，每個人在沙灘咖啡店領取一個瑜伽軟墊，鋪在沙灘上，等著瑜伽老師開始動作。首先站在軟墊上伸展手腳，讓身體柔軟，舉起手，伸長腿，慢慢吸氣，深深吐氣，接下來坐在軟墊上拉筋，聽著海浪打在沙灘上的聲音，看著海平面上，太陽像顆大大的橘子般，慢慢浮出，把海水和天空染成橘紅色，短短幾分鐘的瑜伽伸展，沙灘是舞臺，日出為背景，美得宛

● 1 跟著老師在沙灘上伸展身體　2 日出瑜伽　3 日出瑜伽的美景　4 日出的天空

如置身夢境中。

　　老師說，日出瑜伽能吸取清早第一道曙光的能量，讓人身體充滿活力，消除所有煩憂。伸展後，感覺身心都變得柔軟，之後可以到沙灘咖啡店帶杯熱咖啡，坐在沙灘躺椅上，欣賞太陽爬上天空後，海水和雲端之間千變萬化的景色，遼闊而恬靜的自然，是從來沒有過的體驗。心靈充飽日出的能量，可以回到度假村裡享用一頓豐盛的小島早餐，吃到飽的早餐吧，有香濃的牛奶麵包、蔬菜火腿、各式水果和沖繩特有的苦瓜入菜。如果在小濱島度假村住宿加上早餐吃到飽，一個人 1 萬日幣，也能免費參加日出瑜伽課程，或者隨時享受海灘咖啡的悠閒時光。

　　下午，可以到小濱島上的「島 books&Cafe」坐坐，咖啡廳就在海灘旁，有室內和戶外空間，室內用木頭裝潢，提供很多書報雜誌；戶外空間在沙灘樹上掛著吊床，擺放木頭長椅，可以選一本書或雜誌，點杯清涼的飲料，躺在吊床上，吹著海風、翻翻書，享受屬於自己的悠閒午茶。咖啡廳裡也提供當地特製的甜點，像是冬瓜蘇打、黑糖冰淇淋、鳳梨冰沙、花草茶等。休息夠了，如果想動一動，沙灘旁有座泳池，

練完瑜伽，到旁邊躺椅上喝咖啡欣賞日出　　　　　日光染黃天空

一邊游泳、一邊還能眺望八重山的海景，也是不錯的選擇。到了晚上，日出瑜伽的沙灘就變身成星空白沙步道，工作人員會在沙灘上擺放很多盞燈，讓燈火鋪成一條細長小路，每個遊客分發一盞小提燈，可以提燈漫步在沙灘上，抬頭欣賞滿天星斗，走累了就隨意席地坐下，聽海聊天，很有氣氛。

　　當地人說，小濱島是最多日本女性喜歡的小島，也是很多人心目中的求婚聖地。度假村表示，從統計數字看來，20～40多歲的日本女性，最愛造訪小濱島，很多人會選擇在小濱島舉行「女子會」，跟好友姐妹淘共度小島假期；造訪旅客中第二多的，就是年輕情侶，度假村經理說，通常是男性帶著女朋友來度假，然後請飯店人員協助安排，給女朋友難忘的求婚驚喜。工作人員說，曾經幫遊客在海灘鋪上大大的字：「親愛的嫁給我吧！」也製作過求婚蛋糕和花束，還曾經幫忙在海上施放煙火，在天空中秀出「跟我結婚吧！」的煙火字樣。當地人自豪，小濱島充滿浪漫的魔力，來到這裡的情侶，每一對都會帶回幸福的力量，不少求婚成功的情侶，之後也會回到小濱島上慶祝結婚紀念，只要事前商量，飯店會為客人特別張羅求婚事宜，或者慶祝之旅的各種個人化服務。

**星野 RISONARE　小濱島**
地址：沖繩縣八重山郡竹富町小濱東表 2954
電話：050-3786-0055
交通：桃園機場直飛石垣島，從石垣島機場搭計程車到石垣島港口，再搭乘高速船約 25 分鐘
　　　可抵達小濱港，之後搭乘免費接駁車約 10 分鐘可達。
參考網站：risonare-kohamajima.com/index.html

# 最大金塊
# 淘金樂

大金塊

● 靜岡縣
　伊豆市

　　世界上最大的黃金，就在日本！靜岡縣的伊豆市有座黃金山，藏著滿山的金子，在這裡不但能親手摸到金氏世界紀錄最大的黃金，更能讓遊客直接體驗淘金，把黃金帶回家。

　　世界最大黃金所在地，名為「土肥金山」，是日本伊豆最大的金山，從明治時代到昭和時代，不斷開採出大量的黃金，總產量約黃金 40 噸、銀 400 噸。在昭和四十年的時候，金山正式停採，之後轉為黃金園區，利用各種電動人偶重現當時採礦的模樣，開放民眾參觀。園區大門口放著一個古早礦工打扮的假人，一走近，假人礦工會用日文、中文等不同語言打招呼，歡迎你到土肥金山。整個園區很大，有當時的礦坑、陳列貴重資料和金塊的黃金館，也有可以讓遊客體驗淘金的體驗館和販賣黃金商品的商店。園區裡到處放置著拿著黃金、造型可愛的 Q 版狸貓雕像，不少人喜愛和黃金狸貓合照，而園區內的假人礦工，會動、會說話，增添很多樂趣。在這裡得花上半天左右才能盡興。

　　總長 100 公里以上的坑道，開放其中一部分給遊客參觀，裡面使用電動假人重現江戶時代開採金礦的模樣。參觀用的坑道長度約 400 公尺，走路需要約 20 分鐘，坑道裡的溫度整年都維持在攝氏 19 度左右，氣溫很舒服。坑道入口處掛著大大的黃金色招牌寫著土肥金山，走進去後，就是一座神社，據說礦工開工前都會先拜拜祈求平安、不要發生坑道崩塌意外，再往裡面走，可以看到各種不同姿勢的電動假人，

● 1 搭客輪前往黃金館　2 金氏世界紀錄最大黃金　3 搬得動就能帶走大金塊　4 黃金礦坑入口

有的拿著鋤頭在採礦，有的正在推車，有的則是在礦坑裡的池子內洗澡。走完一圈，就能了解古早時代礦工生活工作的情形。

　　黃金從古早時代就是權力與富貴的象徵。黃金館裡陳列著金山開採出來的金礦石和各種江戶時代的船隻、建築物等，展示著很多珍貴的歷史資料，也用假人扮演各種動作，重現當時的人們如何生活工作。這裡還展示著金氏世界紀錄認定，世界最大的金塊！這個世界最大的巨大金塊，總重 250 公斤，價格依照黃金匯率變動，約為 12 億 4,000 多萬日幣，相當於 3 億多臺幣，如果把這塊黃金做成黃金線，長度可以環繞地球 18 圈。除了最大的金塊之外，還有中型和小型的金塊，都可以讓遊客實際摸摸看。金塊就放在透明的箱子裡，箱子有個小小的圓形孔，可以把手伸進去，摸摸黃金，試試重量，箱子上還標示著，如果能把黃金拿起來，就讓你帶走，我們一個個貪心地伸手進去，試圖要搬動黃金，用盡了全身力氣，只見大金塊毫無動靜，只能摸著大金塊，望著黃金發傻。不過遊客也別太失望，在園區裡有個地方能讓你真正體驗淘金樂趣，還能把黃金帶回家。

● 1 礦坑一景　2 礦坑入口就有一座神社,據說過去礦工上工前一定要來拜拜求平安　3 園區入口處的人像會說中文
4 金箔抓抓樂遊戲機

　　「砂金館」中有好幾個巨大的溫水槽,裡面放滿了金沙,只要報名繳費,就能體驗 30 分鐘淘金淘到飽。一個人 720 日幣,先到櫃檯領取一個小盤子,專門淘金的老師就會開始指導你如何淘金,訣竅是兩隻手握著盤子,再把盤子斜斜微微向外,撈一把沙子,在水裡輕輕前後擺動,讓比較重的沙子流出去,剩餘的沙子越來越少,就能看到一閃一閃的金沙留在盤子裡,這時再小心用手把金沙裝進透明小瓶子,30 分鐘內能淘到多少金沙,都能裝在小瓶子裡帶回家,看看牆壁上的排行榜,最厲害的挑戰者能夠在半小時內淘到 57 顆金沙。店家說,只要能在 30 分鐘內淘到 30 顆以上的金沙,就會把你的名字登錄在金沙名人榜,還會贈送一張金沙達人證書,以及一個金沙鑰匙圈當禮物。

　　體驗完淘金樂後,可以到園區裡的商店逛逛,這裡有各種黃金相關產品,包括最受歡迎的土肥金山長崎蛋糕,濃郁的蛋糕裡面包著閃閃發亮的金箔,吃起來感覺特別高貴。含有金箔的純金茶,也能帶回家品嚐黃金的滋味。另外還有黃金巧克力、

日本 好玩

體驗淘金

金箔片紀念小物

金箔餅乾和各種金箔點心，如果逛累了，建議可以在咖啡廳點一杯黃金咖啡配上金箔起司蛋糕，甜蜜又高貴的滋味，保證令人難忘。當然店裡還有金箔製成的各種伴手禮，像是黃金美妝用品、金箔文具、金箔玩具等，供遊客選購。

INFO

土肥金山

地址：靜岡縣伊豆市土肥 2726

電話：0558-98-0800

交通：如果從東京前往，先搭乘「特急踊り子號」電車到「修善寺」站下車，再轉乘巴士約
　　　50 分鐘可抵達土肥溫泉。如果從靜岡縣內搭船，直接在靜岡的清水港搭船約 65 分鐘
　　　可抵達土肥港，從土肥港步行約 15 分鐘可抵達土肥金山園區。

門票：大人 860 日幣、小孩 430 日幣，團體票有打折。

營業時間：09:00～17:00（最後入場時間 16:30）

# 名牌拍賣
# 搶翻天

發號碼牌維持秩序

　　LV 的包包，一個只賣 5 日幣！哪裡有這麼好康的事情！日本有個名牌拍賣會活動，平均每 1 ～ 2 個月，就會在各地巡迴舉辦，由全國的二手名牌店家在活動會場設置攤位，舉辦各種特惠促銷，通常每次活動都會提供非常多便宜到令人不敢相信的名牌商品，也吸引很多民眾在活動開幕前一晚就熬夜排隊搶好康。

　　事先掌握網站上的活動訊息，我們曾多次造訪特賣活動會場，一開始以採訪為目的，獲得主辦單位同意，有幸事前進入會場拍攝，一走進會場，可讓我眼睛一亮嚇了一跳，會場裡滿坑滿谷的名牌包包鞋子和手錶首飾，標上了便宜到無法置信的價錢，差點忍不住放下採訪工作直接血拼。拍賣活動的會場，通常選在日本各大城市的百貨公司樓上展示空間，超過幾十家的二手名牌店各自設置攤位，陳列出各種名牌商品，每個攤位都設有花車區，很多民眾專程為了這些花車上的商品而來，不管是均一價 1,000 日幣，或是玩遊戲送包包，都是非常令人動心的好康。主辦單位還會另外舉行每天不同的小活動，包括「射飛鏢拿包包」、「俄羅斯輪盤拿包包」等有趣的遊戲，參加民眾只要射中紅心，就能將名牌獎品帶回家。其中最令人難忘的，就是「5 塊日幣買名牌」的活動，堆成山的 LV、愛馬仕、Gucci 等世界名牌包，有手提包、錢包或化妝包各種不同種類，統統放上花車，限時搶購，沒有限定數量，先搶先贏。

　　最近一次造訪，是在千葉縣百貨公司舉辦的拍賣會，當天下著雨，我一到門口

● 1 為了搶便宜名牌，很多人徹夜排隊　2 不管什麼品牌都只要 5 日幣

3 花車上的名牌商品，只要 1 塊多臺幣就能買到　4 現場也有折扣價的名牌手錶

就看到一整排的人龍，女性居多，大家都是前一天晚上就來排隊，熬夜熬了一整晚，摩拳擦掌等著百貨公司開門。為了預防民眾為了搶包包而推擠受傷，活動工作人員事前在百貨公司入口處到會場之間，設置了排隊動線和各種安全措施。開幕倒數 1 分鐘，大家眼睛直視門口，擺好準備起跑的姿勢，5、4、3、2、1，工作人員大喊歡迎光臨，門一開，一群人瞬間衝進會場，大家直奔 5 塊錢日幣花車區，七手八腳連看都不看，能抓多少包包就抓多少，不到幾分鐘的時間，花車上滿滿的包包全部消失不見，只剩下空空的花車，簡直嚇壞我了。大家搶包包的途中，婆婆媽媽還幾度發生爭吵，為了誰先拿到包包大聲爭執，場面差點失控。還好我動作快，在人群中擠進花車邊，搶到一個 LV 小手提包，結帳時，真的只付了 5 塊日幣，相當於 1 塊多臺幣，就能獲得一個名牌包，真是太有成就感了！

　　如果搶不到第一波花車商品也沒關係，拍賣會場每天都擺出不同的特惠商品，有時是 1 萬日幣（約 2,000 多臺幣）的包包專區，有時只要 5,000 日幣就能把名牌首

擠破頭就是要搶到便宜名牌

這次搶到的戰利品，只要 1 塊臺幣

飾帶回家。主辦單位還在會場四處設置各種遊戲區，舉辦如「零錢抓到飽」等活動，我參加了其中一次挑戰，遊戲方法很簡單，主辦單位在透明塑膠箱裡放進很多 500 塊和 100 塊日幣的硬幣，箱子只留上面一個圓圓的開口，大約成年人一隻手能伸進去的寬度，一次伸手進去能抓住多少零錢出來，那些零錢就能全部帶走，我用力抓緊硬幣，把手小心翼翼地通過箱子上的開口，拿出來一算，抓了 30 個左右的硬幣，獲得總共 1 萬多塊日幣的獎金，拿現金的感覺真棒！

　　除了各種限時特賣活動之外，在各個攤位上一般陳列的商品，雖說是二手名牌，但狀態都很新，有些還是只使用過一次，或者完全沒使用過的商品，價格卻只有名牌店面價的 6、7 折或一半以下，相當划算。重點是，不少中國和東南亞的二手名牌店家，或者觀光客會去進貨搶便宜，所以每個攤位幾乎都有會說中文的日本店員或在日本工作的中國店員，溝通殺價完全不用擔心語言不通的問題，還能殺價殺得很過癮。建議在購買時，盡量殺價或請店家附送其他名牌小東西，成功的機率非常大。

　　這類活動強力推薦給去日本血拼或愛買東西的遊客，只要事前在網路上查好舉辦的時間地點，再提早到現場排隊，就有機會獲得價格便宜的名牌商品，網站雖然是日文版本，但時間地點和文字敘述都有很多漢字，對臺灣人來說很容易就能看懂上面的最新訊息。通常一次拍賣會將連續舉辦 4 ～ 5 天左右，建議第一天去，搶花車商品、參加促銷遊戲活動，或者在最後一天前往，比較有殺價空間。

名牌特賣會
網站：www.brand-resale.com

# 神之道獨木舟

穿好裝備划獨木舟

西表島

　　日本有許多關於神明的傳說，沖繩的西表島紅樹林潮間帶，自古早以來，就被當地居民稱為「神之道」，意思是神明經過的道路。當地人說，這條「神之道」並不是我們想像中的一條道路，而是在海上的「海道」。很久以前，附近的海神山神等各路神明，每年都要在西表島海域的小島上聚會，時間到了，眾神明就會紛紛從不同方向前來，由海面上走過，如同水上漂一樣，輕盈飄逸地走向小島開會。島上長者說，祖先傳承下來的故事裡描述，眾神以各種姿勢滑過海面，海風吹拂神明的絲綢金縷衣，捲起片片浪花，襯著斜陽柔美的橘紅照射，光景如夢，有緣看見這景象就能一生好運。後來這條「神之道」也成了造訪西表島遊客的朝聖地，島上的度假村業者還推出了神之道獨木舟行程，帶著遊客走上神明走過的道路。

　　神之道獨木舟行程每天舉辦一次，為了要重現神話中的場景，出發時間定在傍晚日落前，來回2公里左右，全程約90分鐘。建議抵達西表島前就提早向度假村報名，參加當天服裝以輕便為原則，教練會準備好涉水鞋讓遊客換上，方便行動。下午約5點左右，教練會帶著參加的遊客從度假村走向沙灘，暖身後發給每個人一支船槳，教遊客怎麼划獨木舟，練習完畢，就可以拿著你的船槳跟著教練走向獨木舟停靠的岸邊，這時教練會把獨木舟先拉到岸上，讓遊客學著怎樣安全上下船，連坐進獨木舟和站起來的姿勢都會仔細說明，每艘獨木舟有兩個位置，一個遊客由一位教練跟著。準備出海了！我把防水小相機用膠帶固定在獨木舟船頭，準備好好拍下

這就是神明每次開會的必經之道

神之道。教練說這裡其實是河流入海處，浦內川是沖繩縣最長的一條河流，輕輕滑向大海，清風吹過，一陣沁涼，深深吸一口氣，有股海島獨特的味道。

　　划了幾分鐘，教練說要先去看紅樹林，慢慢靠近，眼前一大片滿滿的水筆仔，因為叢生處水很淺，所以我們把獨木舟停住，決定下來走走。踩進海水裡，腳底下的泥濘把鞋子吸住，我乾脆脫鞋光腳走，第一次這麼近距離看水筆仔，突然覺得腳下似乎有什麼東西在動，蹲下去仔細看，好幾條彈塗魚在跳動，小心翼翼地把手放進海水泥沙裡，彈塗魚就這樣在手掌心上用力跳走，旁邊還出現幾隻小螃蟹迅速通過，逗得遊客很開心，真不愧是日本最後的祕境，讓人能夠如此貼近自然。教練說，由紅樹林排出的氧氣，是一般植物的 5 倍之多，因此每天日出前，這裡會舉辦「紅樹林清晨體操」體驗，讓早起的遊客赤腳踏進紅樹林的泥沙裡，伴隨第一道曙光，呼吸著高濃度氧氣做伸展操。

　　告別了水筆仔和彈塗魚，我們重新坐上獨木舟划向大海，這時太陽已落到海面上，海水染成橘色，眼前出現兩座岩礁狀的小島，教練停止划槳，讓獨木舟停在小島前，原來兩座小島中間的這條海道，就是傳說中神明開會必經之路。沒有緣親眼見證神話，但至少要拍下這幅如畫美景。教練說，居民們覺得這條海道有神明庇護，充滿力量，常會到這附近潛水、看海景，據稱可以補充能量，也有人到神之道來祈禱許願，希望神明聽見。我們也入境隨俗，雙手合十，在神之道上默默祈願，希望

● 1 從岸上看，神之道與地平線相連　2 神之道四周有各種生物，彈塗魚多得讓人嚇一跳
　　3 跟著教練一起划向神明的道路　4 紅樹林水筆仔也被當地人拿來當食材

這古早傳說聖地，能帶來好運。

　　再往前划，教練說，這附近區域有很多魚，他自己休假時都會來此潛水抓魚，有一次經歷非常特殊，當時他潛在海水裡將用魚槍抓到的魚以繩子綁在腰間，魚越抓越多，腰間的繩子越放越長，就這樣綁著掛滿魚的長繩子往前游，又抓到魚正想往後把繩子拉近自己時，竟發現有一條鯊魚跟在繩子後面游過來，他嚇一跳，想必是鯊魚聞到血的味道，跟著游了好一陣子，還好動作快，鯊魚沒有貿然攻擊，他就趕緊浮上海面游回小船。教練接著又說，到現在想起來還覺得有點害怕。夕陽慢慢沉入海裡，天色漸暗，我們告別神之道，回到現實世界，划向岸邊。體驗完落日下的傳說故事，晚上建議嘗試看看「漂流晚餐」。

　　「漂流晚餐」的時間是 20:00 ～ 21:30 的一個半小時，簡單說，就是在一大塊四方形的漂浮木筏上享用晚餐。木筏中央放著一張鋪著布桌墊的四方桌，上面擺著餐點和香檳，木筏四周放著一盞盞的小燈，讓你一邊吃晚餐喝美酒、一邊欣賞千年歷

教練會帶著遊客划船經過神明走過的道路　　　　　　黃昏的神之道風景很迷人

史的海洋美景，氣氛浪漫又沒有人打擾，非常適合情侶、夫妻慶祝紀念日時來體驗。漂流木筏底下用一條長長的繩子繫著，不用擔心會飄到海上回不來，只要朝著岸邊招招手，工作人員就會用繩子把木筏拉回岸邊。漂流晚餐必須 7 天前預約，一個人 1 萬日幣。至於神之道獨木舟體驗，每年 4 月到 10 月底開放，參加費用大人 3,300 日幣，小孩 2,200 日幣。「紅樹林清晨體操」則是免費體驗。

　　如果在黃昏的神之道體驗前，想要安排白天行程，建議可以從西表島出海，參加「周遊八重山群島」之旅，搭小船在八重山群島間航行，其中西表島附近的「內離島」，不妨停船下去走走。內離島以前曾是採礦的地方，日治時代有不少臺灣人也到島上當礦工，現在遺留著礦坑遺跡，礦坑入口立著木牌，能看到當時礦工採礦的黑白照片和文字資料。據說，當時為了控管不讓礦工逃跑，工資不是發現金，而是發兌換券，礦工們拿到兌換券後，只能在島上的商店兌換米和食物等，這兌換券拿到外島就沒用了。島上能看到採礦的大煙囪，沙灘上還能撿到形狀大小不等的煤炭塊，來這裡走走，感受一下歷史氛圍，也是不錯的體驗。以上介紹的行程，都能透過西表島度假村來預訂安排，還能指定臺灣籍的工作人員，不用擔心語言不通。

221

**星野 RISONARE　西表島**
地址：沖繩縣八重山郡竹富町字上原 2-2
電話：0980-85-7017
交通：臺灣桃園機場有直飛石垣島的班機，到石垣島機場後搭計程車或巴士前往乘船港口，從港口買票搭高速船，約 45 分鐘可抵達西表島上原港，再搭乘星野度假村的免費接駁巴士約 10 分鐘可達。

國家圖書館出版品預行編目資料

日本怪好玩：這些玩法好另類！/ 邱明琪 文 攝影．
-- 初版． -- 臺北市：華成圖書，2016.05
面； 公分． --（自主行系列；B6183）
ISBN 978-986-192-279-9（平裝）

1. 旅遊文學 2. 日本

731.9　　　　　　　　　　　105002957

自主行系列　　B6183

# 日本怪好玩：這些玩法好另類！

作　　者／邱明琪

出版發行／華杏出版機構
　　　　　華成圖書出版股份有限公司
　　　　　www.far-reaching.com.tw
　　　　　11493 台北市內湖區洲子街 72 號 5 樓（愛丁堡科技中心）
　　　　　戶　　名　華成圖書出版股份有限公司
　　　　　郵政劃撥　19590886
　　　　　e-mail　huacheng@farseeing.com.tw
　　　　　電　　話　02-27975050
　　　　　傳　　真　02-87972007
　　　　　華杏網址　www.farseeing.com.tw
　　　　　e-mail fars@ms6.hinet.net
　　　　　華成創辦人　　郭麗群
　　　　　發 行 人　　蕭聿雯
　　　　　總 經 理　　熊芸
　　　　　法 律 顧 問　　蕭雄淋・陳淑貞

　　　　　總 編 輯　　周慧珛
　　　　　企 劃 主 編　　蔡承恩
　　　　　企 劃 編 輯　　林逸叡
　　　　　執 行 編 輯　　張靜怡
　　　　　美 術 設 計　　林亞楠
　　　　　行 銷 企 劃　　林舜婷
　　　　　印 務 專 員　　何麗英

定　　價／以封底定價為準
出 版 印 刷／2016年5月初版1刷

總 經 銷／知己圖書股份有限公司
　　　　　台中市工業區30路1號　　電話　04-23595819　　傳真　04-23597123

# ☺讀者回函卡

謝謝您購買此書,為了加強對讀者的服務,請詳細填寫本回函卡,寄回給我們(免貼郵票)或
E-mail至huacheng@farseeing.com.tw給予建議,您即可不定期收到本公司的出版訊息!

您所購買的書名/_____ 購買書店名/_____

您的姓名/_____ 聯絡電話/_____

您的性別/□男 □女    您的生日/西元_____年____月____日

您的通訊地址/□□□□□_____

您的電子郵件信箱/_____

您的職業/□學生 □軍公教 □金融 □服務 □資訊 □製造 □自由 □傳播
　　　　　 □農漁牧 □家管 □退休 □其他

您的學歷/□國中(含以下) □高中(職) □大學(大專) □研究所(含以上)

您從何處得知本書訊息/(可複選)

□書店 □網路 □報紙 □雜誌 □電視 □廣播 □他人推薦 □其他

您經常的購書習慣/(可複選)

□書店購買 □網路購書 □傳真訂購 □郵政劃撥 □其他_____

您覺得本書價格/□合理 □偏高 □便宜

您對本書的評價(請填代號/ 1.非常滿意 2.滿意 3.尚可 4.不滿意 5.非常不滿意)

封面設計_____ 版面編排_____ 書名_____ 內容_____ 文筆_____

您對於讀完本書後感到/□收穫很大 □有點小收穫 □沒有收穫

您會推薦本書給別人嗎/□會 □不會 □不一定

您希望閱讀到什麼類型的書籍/_____

您對本書及我們的建議/

華杏出版機構

# 華成圖書出版股份有限公司　收

11493 台北市內湖區洲子街 72 號 5F（愛丁堡科技中心）
TEL/02-27975050

（沿線剪下）

（對折黏貼後，即可直接郵寄）

😊 本公司為求提升品質特別設計這份「讀者回函卡」，懇請惠予意見，幫助我們更上一層樓。感謝您的支持與愛護！

www.far-reaching.com.tw　　　請將　B6183　「讀者回函卡」寄回或傳真 (02) 8797-2007